Attribué au baron Du Casse
par trois articles anonymes
parus dans Le Pays,
    Gr. fol. Lc^2. 1992,
les 2, 3 et 4 mai 1889,
p. 3.

UN ROI
QUI S'AMUSAIT

UN ROI
QUI S'AMUSAIT

ET

LA COUR DE WESTPHALIE DE 1807 A 1813

PAR

UN INDISCRET

*Il sera beaucoup pardonné
à celui qui aura beaucoup aimé.*

PARIS

E. DENTU, ÉDITEUR

LIBRAIRE DE LA SOCIÉTÉ DES GENS DE LETTRES

3, PLACE DE VALOIS, PALAIS-ROYAL

1888
(Tous droits réservés.)

AVANT-PROPOS

Ce volume n'a pas la prétention d'être un livre d'histoire, mais nous pouvons affirmer que les documents nombreux qu'il renferme sont authentiques, et que les faits qu'il contient sont exacts.

L'ÉDITEUR.

UN ROI QUI S'AMUSAIT

LIVRE PREMIER

Le royaume de Westphalie, érigé en 1807 par Napoléon I*er*, en faveur de Jérôme, le plus jeune de ses frères. — L'esprit public. — Jérôme fait des dispositions pour se rendre dans ses États. — Mission des colonels Morio et Rewbell. — Députation allemande à Paris. — Jean Muller. — Régence provisoire de MM. Beugnot, Siméon, Jollivet, Lagrange. — La Régence en lutte avec les Gouverneurs et les Intendants du pays conquis. — Ordre, du 1er décembre 1807, d'administrer pour Jérôme. — Arrivée du roi et de la reine à Cassel, ils sont précédés de La Flèche, Meyronnet, etc. — Blanche Carrega femme *in partibus* de La Flèche. — Ses aventures galantes. — Le marquis de Maubreuil. — Anecdotes historiques.

Le Roi qui s'amusait était celui de la Westphalie, royaume érigé en 1807 par le traité de Tilsitt, en faveur de Jérôme Bonaparte, le dernier des frères de Napoléon Ier, royaume qui disparut en 1813, à la suite des revers de la France, et qui fut plus ou moins gouverné, pendant les quelques années de son existence éphémère, par son jeune souverain, dont la cour était la plus joyeuse de l'époque.

On est en droit de se demander à quel ordre d'idées céda le grand Empereur, alors l'arbitre du monde, lorsqu'il fit de son frère Jérôme le Roi d'un peuple calme, posé, religieux? Voulait-il franciser les graves Germains en leur donnant pour maître putatif le prince le plus évaporé et résumant en sa personne les qualités et les défauts du Français : courage, gaieté, générosité et culte de la femme ; ou bien espérait-il, en mettant Jérôme en contact avec les populations du centre de l'Allemagne, germaniser son jeune frère, le rendre plus sérieux et faire déteindre sur lui un peu du caractère de ses sujets ? C'est ce que nous ne saurions dire ; mais, ce qu'il y a de positif, c'est que, n'ayant pu imposer un trône à Lucien, le seul de ses frères qui se montrât rebelle à son système accaparateur de l'Europe, il voulait que les autres membres de sa famille se prêtassent à ses projets ambitieux et gigantesques. Joseph était Roi de Naples et devait bientôt ceindre la couronne des Espagnes ; Louis régnait en Hollande ; Murat n'allait pas tarder à remplacer Joseph dans les Deux-Siciles; le prince Eugène était vice-roi d'Italie; Jérôme, à son tour, malgré son jeune âge, son caractère léger et aventureux, fut pourvu d'un trône.

Mais, si Napoléon, après avoir fait successivement son jeune frère officier de marine, puis général, le créa roi, à l'âge où l'on sort à peine de l'enfance, avec l'espoir d'en faire un souverain apte aux grandes choses, il s'abusa de la façon la plus complète.

Disons, au reste, que si, dès le début de son règne, Jérôme se trouva aux prises avec des difficultés quasi insurmontables, la faute en est bien un peu à l'Empereur, qui, à lui comme à ses frères, donnait des pays épuisés par les impôts prélevés pour la France, dont les finances se trouvaient, par suite de ces impôts, dans le plus déplorable état, en un mot, et pour employer une figure vulgaire mais vraie, auxquels il donnait des citrons dont le jus avait été exprimé.

Or, la première condition d'un pays pour être florissant, pour vivre même, n'est-ce pas d'avoir des finances en bon état, des revenus assurés ?

Au moment où fut créé le royaume de Westphalie, l'esprit public, dans ces provinces, était plus favorable qu'hostile au nouvel ordre de choses. On supportait avec impatience le joug de l'administration provisoire établie par l'Empereur Napoléon, administration laissée aux mains d'intendants français qui levaient des contributions, frappaient des impôts onéreux, durs et souvent injustes.

La création d'un gouvernement régulier sous un jeune prince, frère du souverain dispensateur de la puissance en Europe et aimé de lui, paraissait une ancre de salut.

Les peuples allemands se sont toujours soumis aisément à la nécessité. Aussi, bientôt, de tous les points du nouveau royaume, partirent des députations chargées de porter aux pieds de Jérôme, à Paris, leurs vœux et l'expression de leur dévouement.

Jérôme, qui avait fait avec distinction plusieurs campagnes maritimes, et en dernier lieu la conquête des places fortes de la Silésie, qui avait épousé récemment la vertueuse princesse de Wurtemberg, heureux et fier de se voir, à l'âge de vingt et un ans, au nombre des souverains de l'Europe, s'empressa de faire ses préparatifs pour se rendre dans son royaume et en prendre possession ; mais, avant de partir, il expédia en Westphalie deux hommes dévoués, chargés de lui faire connaître l'état des choses dans le pays et surtout à Cassel.

L'un était le colonel Morio, l'autre un officier de marine nommé Rewbell, tous les deux ses aides de camp en Silésie, et dont nous aurons à parler à plusieurs reprises.

Ces officiers, connaissant le caractère du jeune prince, son amour du plaisir, prirent des renseignements non seulement sur les ressources du pays, sur ses revenus et sur ce qu'on en pouvait tirer, mais aussi sur les amusements que l'on pouvait s'y procurer. Les théâtres et bien d'autres distractions ne furent pas des objets qui leur échappèrent. Ils se livrèrent même plus sérieusement peut-être à ce genre d'étude qu'à tout autre. En outre, ils visitèrent soigneusement les palais, les châteaux et les résidences royales de leur futur souverain, et lui rendirent un compte fidèle de leur mission.

Malheureusement, ce futur souverain était un

tout jeune homme, aimant le plaisir avant tout, peu disposé, malgré un sens droit et de belles qualités, à se livrer aux affaires. La bouillante étourderie, l'air évaporé des individus qui l'entouraient, qui allaient le suivre, contrastaient d'une façon assez plaisante avec le flegme et la raideur des graves personnages composant la députation allemande de Cassel envoyée à Paris. Toutefois, le maître suprême, Napoléon, assista aux réceptions. Il ne riait pas, lui, et tout se passa dans l'ordre le plus parfait.

L'Empereur fit grand accueil à un membre de cette députation, *Jean Muller*, savant de mérite, historien qui, à la plume de Tacite, joignait l'érudition la plus complète et des connaissances profondes. Il parla de lui à son frère Jérôme, qui promit de prendre pour un de ses ministres le savant allemand, ce qui fut fait; mais Muller n'était pas courtisan, sa carrière politique fut de courte durée.

Avant de parler de la cour de Cassel, de raconter les anecdotes amusantes et plus ou moins légères venues à notre connaissance, relatives au Roi Jérôme et à son entourage, quelques mots des premiers jours et de la situation du royaume de Westphalie à sa création.

On fit à Paris, pour le nouveau royaume, une constitution par laquelle on établissait une forme de gouvernement à peu près semblable à celui de la France. Mais, pendant ces préliminaires, les frais de table et autres, des gouverneurs et intendants régissant au nom de Napoléon, allaient leur train. Les malheureuses provinces formant le nouvel État étaient devenues des espèces de *pachalicks*, la masse des dettes s'accroissait rapidement.

Vers la fin d'août 1807 fut promulgué l'acte constitutionnel. L'espérance commença à se faire jour dans les populations de la Westphalie, qui se flattèrent de trouver un *palladium* contre le terrible exercice du droit de conquête, si brutalement exercé par les agents de la France. L'illusion fut de courte durée.

Un décret impérial institua d'abord une régence provisoire. Elle fut composée des conseillers d'État : Beugnot, Siméon, Jollivet et du général Lagrange, alors gouverneur de la Hesse électorale.

Ces quatre personnages ne manquaient pas de

mérite, mais aucun d'eux ne connaissant la langue allemande, force leur fut de s'adjoindre un indigène, un nommé Morsdorff, de la rive gauche du Rhin, créature de M. Jollivet et alors conseiller de préfecture à Mayence. Il devint le bras droit de la régence qui ne voyait et n'entendait que par lui.

Un mot sur chacun des quatre membres de la régence.

M. Beugnot, ancien sénéchal à Bar-sur-Aube, ensuite député à l'Assemblée législative, puis préfet de Rouen, passait pour un grand administrateur. Vain, beau parleur, ayant le travail facile et la tête farcie de théories plus brillantes que pratiques sur l'économie politique, l'extérieur séduisant, il en imposait à ceux qui n'avaient pas approfondi ses qualités factices et ses défauts. Il manquait même du tact nécessaire, de cette expérience des hommes et des affaires qui souvent tiennent lieu de génie aux esprits médiocres.

M. Siméon, ancien avocat au barreau d'Aix, ancien député au conseil des Cinq cents, proscrit par le Directoire en fructidor, appelé par le consul Bonaparte au conseil d'État, était regardé comme un jurisconsulte savant, et avec raison comme un homme de grande probité et de mœurs douces.

M. Jollivet avait également siégé dans les assemblées législatives de la France, où il n'avait du reste joué qu'un rôle passif, puis il avait présidé à l'organisation des départements français de la rive gauche du Rhin. Ayant des vues étroites, des moyens bornés, mais un amour-propre excessif, il joignait à tout cela une épouvantable lésinerie et la monomanie de se croire un grand financier. Toutefois, comme sa conscience était fort large, Napoléon l'avait choisi pour être en quelque sorte l'espion de son frère Jérôme, sachant bien qu'il ne reculerait pas devant le rôle de faire connaître les peccadilles du futur souverain, s'il y avait lieu. Le jeune roi ne fut pas longtemps à se douter du jeu de ce personnage qu'il prit en horreur.

Le général Lagrange, brave soldat, ayant gagné ses grades à la pointe de son sabre, ancien chef d'état-major de Kléber en Égypte, mais plus apte à conduire une charge de cavalerie qu'à gouverner un pays, était en outre très pillard. Il ne resta pas longtemps en Westphalie, fut remercié par Jérôme et accueilli favorablement par l'empereur à son retour en France.

Chose bizarre, Napoléon, en instituant une régence, ne fit pas cesser les attributions des gouverneurs et des intendants impériaux qui percevaient l'impôt pour lui, en sorte que le pays était livré, au point de vue financier, à la plus complète anarchie. C'était une nouvelle tour de Babel, une confusion des langues.

Les membres de la régence donnaient-ils des ordres pour le recouvrement des impôts et leur versement dans les caisses du nouveau royaume, les gouverneurs et les intendants agissant au nom de l'Empereur défendaient d'obtempérer à ces injonctions et palpaient les fonds parce qu'ils avaient la force en main.

De ce conflit d'attributions il résulta que Jérôme allait arriver dans un royaume non seulement dépourvu de finances pour faire face aux dépenses obligatoires, mais sans avoir lui-même un sou en poche, et qu'il fut obligé, pour faire face à ses premiers besoins, de contracter un emprunt de dix huit cent mille francs à la caisse des consignations de Paris.

Pendant qu'il faisait ses préparatifs de départ pour se rendre à Cassel avec la reine, les frais de table des gouverneurs et des intendants allaient leur train, les réclamations pleuvaient, et la régence n'y pouvant mais, n'y répondait pas.

Enfin, le 1er décembre 1807, l'ordre fut donné d'administrer pour le compte de Jérôme. Ce dernier, arrivé dans les premiers jours de ce mois avec la reine, avait été précédé à Cassel par quelques personnages de sa suite au nombre desquels un nommé La Flèche, intendant de sa liste civile, et un M. Meyronnet, ancien officier de marine, plus tard créé grand maréchal du palais et comte de Vellingerode.

La Flèche, affublé bientôt par Jérôme du titre de baron de Keudelsheim, était le fils d'un négociant de Marseille; homme aussi nul que plat complaisant, il avait été connu de Jérôme dans ses voyages, et ce dernier lui avait fait épouser sa propre maîtresse, Blanche Carréga, délicieuse Génoise dont il lui avait défendu de s'approcher.

Telle était l'ineptie de ce La Flèche, que le régent Beugnot, qui ne le connaissait pas, lui ayant, à son arrivée à Cassel, communiqué, dans son cabinet, un travail de statistique sur la situation morale, politique et agricole du pays en appelant son attention sur une notice remarquable relative aux établissements d'instruction publique de Muller, pour laquelle il lui demandait son avis, en reçut cette réponse faite d'un air hébété : « Qu'est-ce que cela rapporte ? »

Meyronnet avait débuté dans la marine marchande comme mousse à bord des caboteurs de Marseille ; s'étant trouvé plus tard en relation avec Jérôme, embarqué avec lui, il avait montré quelques qualités comme marin et était devenu lieutenant sur le brick *l'Épervier* commandé par le futur roi de Westphalie, qu'il avait suivi dans ses voyages en Amérique.

Chargé en 1803, par le ministre de la marine, d'aller à la recherche de Jérôme égaré sur les mers, il s'était attaché à sa fortune. Il ne manquait ni de courage ni d'esprit et avait un caractère obligeant ; Jérôme l'appelait son lieutenant en souvenir des fonctions qu'il avait exercées à bord de *l'Épervier*.

Blanche Carréga, femme de La Flèche et baronne

de Keudelsheim, fort jolie, fort coquette, très séduisante, aussi portée pour les hommes que Jérôme l'était (comme tous les Bonaparte) pour les femmes, eut à la cour de Westphalie les aventures les plus légères et les plus amusantes.

Jérôme non seulement lui avait donné un mari *in partibus*, l'avait faite baronne, la comblait de riches présents, mais il paya à plusieurs reprises ses dettes et eut, en outre, la coupable condescendance d'en faire une des dames d'honneur de la reine, sans doute pour l'avoir toujours à sa portée.

La ravissante Blanche Carréga eut en même temps, à Cassel, et dans les châteaux que le jeune roi habitait avec sa cour, outre son mari qui ne comptait pas, quatre adorateurs heureux à la fois. Le premier en titre, Jérôme ; le second le prince royal de Wurtemberg, frère de la reine Catherine, qui faisait de fréquents voyages en Westphalie, beaucoup plus pour les beaux yeux de Blanche, que par affection pour sa sœur ; le troisième, le célèbre marquis de Maubreuil, bel homme, très violent, officier aux gardes, et enfin un quatrième (au dernier les bons), simple employé, nommé

Lasserre, jeune et joli créole, *l'amant de cœur*.

Un beau jour le pot aux roses fut découvert par une aventure scandaleuse qui fit du bruit à la cour et à Cassel.

Maubreuil, qui consentait bien à tolérer Jérôme et son beau-frère, mais qui ne voulait pas de partage avec Lasserre, ayant surpris les deux amoureux *in flagrante delicto*, donna un coup de pied au derrière du joli créole et une volée de coups de cravache à Blanche.

Blanche eut la sottise de se plaindre. Jérôme envoya d'abord Maubreuil en Espagne dans les chevau-légers westphaliens, régiment alors dans ce pays; puis, ayant appris par sa police et par la rumeur publique ce qui s'était passé, il congédia Lasserre qui retourna en France. Il refusa de donner un écrin qu'il avait fait faire pour l'infidèle et ne partagea plus les faveurs de la jolie Italienne qu'avec son beau-frère. Deux de moins, c'était quelque chose, mais ces deux-là furent vite remplacés.

Maubreuil eut une existence des plus singulières et des aventures tenant du roman.

Envoyé, comme nous l'avons dit, à l'armée d'Espagne, officier aux chevau-légers westphaliens, il mérita, par sa bravoure, la croix de la Légion d'honneur qui lui fut accordée pour faits de guerre, à la suite de plusieurs actions d'éclat.

Pendant son séjour en Espagne, Maubreuil envoya, à plusieurs personnages de Cassel, une *épître à Blanche*, épître en vers, des plus outrageantes et qui fut l'objet de deux bulletins ou lettres du baron de Reinhard, ambassadeur de famille à la Cour de Cassel. Nous allons donner des extraits de ces deux lettres :

Dans celle du 12 mars 1810, on lit :

« Avant-hier, la poste de Cassel a distribué des lettres qu'on dit au nombre de seize, timbrées de Paris et renfermant une *épître à Blanche*. Parmi les personnes qui ont reçu cet envoi, se trouvent le préfet de la police, Mme la comtesse de Fursteinstein, le ministre de France et son secrétaire de légation, Mme la comtesse de Schœnbourg, amie de Blanche, enfin Blanche elle-même et son mari, M. La Flèche, baron de Keudelsheim, qui, heureusement, se trouvait en voyage.

« Il est inutile de caractériser cette production qui se trouve jointe à ce bulletin. Elle est calomnieuse en toute hypothèse, et ne peut inspirer que l'indignation.

« Quant à l'auteur de ces envois, les soupçons ne peuvent se porter que sur un M. de Maubreuil, amant de Blanche ou de Jenny, sa belle-sœur, ou de toutes les deux. On prétend que l'auteur des envois ne peut être celui des vers, puisque M. de Maubreuil n'en fait point. On soupçonne un M. de Boynest, aide des cérémonies renvoyé par le roi; mais on dit que, s'il fait des vers, il en fait de plus mauvais que ceux de l'épître.

« On se souvient que M. de Norvins en fait d'assez bons; mais on le croit trop homme de bien pour prostituer son talent dans une pareille circonstance. *L'indigne amant de ta sœur* (c'est ainsi que commence l'épître) c'est M. de Courbon (1). Pendant le carnaval passé, dans un des bals de la cour, lorsque tout le monde se fut à peu près retiré, M. de Maubreuil, qui était alors officier aux gardes, fit une scène publique à M. de Courbon en lui re-

(1) Un des chambellans du roi.

prochant sa liaison avec M™⁰ Jenny La Flèche; son emportement ayant passé toutes les bornes de la décence, le colonel Laville, chargé de la police du Palais, le mit aux arrêts; le duel qui devait s'ensuivre fut empêché par ordre supérieur, et M. de Maubreuil reçut pour voyager un congé indéfini équivalent à une démission. On prétend que ce M. de Maubreuil qui, d'ailleurs, ne manque pas de courage, est un terrible amant, et qu'il avait pour coutume de s'introduire, le sabre en main chez quiconque osait adresser la parole aux dames qui étaient, ou qu'il lui prenait fantaisie de déclarer ses maitresses. »

Voici l'extrait de la seconde lettre de Reinhard, relative à l'affaire de Maubreuil et de Blanche :

« En me référant à ma lettre n° 115, je crois devoir dire à Votre Excellence que je n'aurais parlé à personne de l'épître dont il est question dans mon bulletin de ce jour et que le mépris que doit inspirer cette production m'aurait même empêché d'en faire mention dans ma correspondance, si elle n'avait pas déjà acquis une publicité qui m'impose le devoir d'en rendre compte, et si le ministre de

Saxe n'était pas venu m'assurer qu'elle serait sûrement portée à la connaissance du roi, et que cette affaire aurait des suites fâcheuses. L'exemplaire que j'ai joint au bulletin est l'une des deux copies qui m'ont été adressées directement de Paris et par la poste.

« Au moment même où je venais d'achever le paragraphe précédent, j'ai reçu la visite de M. de Bercagny. Il savait que j'avais reçu des exemplaires et il tirait de sa poche un grand nombre de copies pareilles et quatorze enveloppes écrites de la main de MM. de Maubreuil et de Boynest. M. de Bercagny m'a dit qu'il en rendait compte au roi par un courrier extraordinaire partant aujourd'hui ; qu'il lui parlait du pour et du contre quant à la conduite à tenir dans cette affaire abominable, puisqu'il lui paraissait qu'il y aurait presque autant d'inconvénients à la punir, qu'à rester indifférent, et qu'il insinuait au roi, qu'attendu la publicité de la chose, il ferait peut-être bien d'en parler le premier à Sa Majesté Impériale. Voyant bien que son intention à ce sujet était d'apprendre si j'en rendais compte de mon côté, je ne lui ai pas caché que, comme il était probable que le roi en parlerait lui-même, je manquerais à un devoir et je m'exposerais à un reproche, en dissimulant un fait que je ne pouvais ni ne devais ignorer. M. de Bercagny m'a dit qu'on croyait ici que M. de Maubreuil s'était embarqué pour l'Inde. »

C'était une erreur, M. de Maubreuil resta en Espagne où il se conduisit avec une grande bravoure.

Son renvoi de la Westphalie lui avait inspiré une haine implacable pour tous les Bonaparte. En 1814, au retour des Bourbons, il se promena sur la place Vendôme à cheval, ayant attaché à la queue de son cheval la croix de la Légion d'honneur, récompense de sa valeur. Cette action fit du bruit et vint aux oreilles de Talleyrand qui, cherchant un homme audacieux, le fit venir et lui donna un blanc-seing en lui laissant entendre qu'il pouvait, sans aucun risque, débarrasser le pays des Bonaparte, l'impunité lui étant assurée. Maubreuil comprit, mais, ne voulant pas immoler ses ennemis, il se borna à utiliser son *blanc-seing* pour arrêter, à Frossard, la reine Catherine, son ancienne souveraine, qui quittait Paris pour rejoindre Jérôme, la dévaliser, s'emparer de ses diamants qu'il jeta plus tard dans la Seine et dont une partie fut repêchée, et de son or qu'il s'appropria.

Le dernier acte de la vie *singulière* de ce *singulier* personnage fut plus *singulier* peut-être encore que toute son existence. Très vieux et sans ressources, presque fou, il vint à Paris sous le second Empire et s'adressa, dans sa détresse, à Napoléon III qui eut la faiblesse de lui assurer une pension de deux mille francs sur sa cassette !...

C'était de l'argent bien employé. Dieu sait quel était l'usage de cette cassette impériale, dont les fonds servaient en même temps à soulager de nobles infortunes et à payer des services inavouables.

Note A

Voici les provinces de l'Allemagne dont fut composé le nouveau royaume.

1° Des pays enlevés à la Prusse : l'Eichsfeld, le Hohnstein, le Hartz, Halberstadt, Ziudlimbourg, Magdebourg, la Vieille-Marche, le cercle de la Saale, Hildesheim, Paderborn, Minden, Ravensberg.

2° Des pays de l'Électorat : La haute et la basse Hesse, Herzfeld, Fritzlar, Ziegenhayen, Pleisse, Schalkalden.

3° Du duché de Brunswick, des comtés de Schaumbourg, de Wernigerode et d'Osnabruck.

La superficie de ces pays était de 1906 lieues carrées de 15' au degré, leur population de 2 millions d'âmes; leur revenu net de 19 millions.

On fractionna ce nouvel État composé d'éléments un peu étrangers les uns aux autres par les lois, les usages, les mœurs, la religion, en huit départements comprenant vingt-sept districts.

1° Le département de la Fulde, dont le chef-lieu, Cassel, était la capitale du royaume, divisé en trois districts : Cassel, Höster et Paderborn.

2° Le département de la Werra au sud, ayant les trois districts de Marburg, Hersfeld et Eschwege.

3° Le département du Harz, au centre, avec les quatre districts de Hegligen-Stadt, de Duderstadt, de Nordhausen et d'Osterode.

4° Le département de l'Ocker au nord, districts de Brunswick, Helmstadt, Hildesheim, Goslar.

5° Le département de la Saale, à l'est, districts de Halberstadt, Blankenburg et Halle.

6° Le département de l'Elbe au nord-est, districts de Magdebourg, Neuhaldesliben, Stendal, Salzwedel.

7° Le département de la Leine au centre, districts de Göttingen, de Limbeck.

8° Le département du Weser au nord-ouest, districts de Osnabruck, Minden, Bielefeld et Rinteln.

A cette époque, une partie de la population du royaume de Westphalie était composée d'hommes belliqueux et soumis, les Hessois, que leurs souverains vendaient aux puissances étrangères et surtout à l'Angleterre pour en faire des soldats, et qui marchaient bravement à la mort, obéissant en machine et sans murmurer. A l'est de l'ancien pays de la Hesse, vivaient dans les montagnes du Hartz, une autre population, population de mineurs, occupés à retirer de la terre où elle passait son existence, les métaux précieux.

Les gouvernements avaient soin d'entretenir ces dernières peuplades en leur faisant distribuer à bas prix les objets de première nécessité et les dispensant des charges publiques.

Enfin, à côté des montagnes du Hartz, dans le département de la Leine, sur la rive droite du Weser, florissait la célèbre université de Gœttinguen fréquentée par les étudiants du monde entier.

Au nord-est du royaume, entre la principauté de Limbourg et les États laissés à la Prusse sur la rive gauche de l'Elbe, se trouvait la place forte de Magdebourg, une des plus importantes de l'Allemagne.

Ce nouveau royaume était limité au nord par la principauté de Limbourg et le cours du Weser, au sud par les duchés de Hesse, de Gotha et par la Saxe, à l'est par les États laissés à la Prusse et par l'Elbe; à l'ouest, par le duché de Berg.

LIVRE II

Entrée à Cassel de Jérôme et de la reine Catherine, le 8 décembre 1807. — Formation du ministère. — Lajarriette directeur de la police. — Cousin Marinville. — Anecdote. — Jean Muller. — Le Camus comte de l'ursteinstein. — Ses sœurs. — Jérôme lui fait don d'une terre de 40 mille francs de rente. — Mécontentement de Napoléon. — Le colonel Morio. — Dislocation du ministère. — Le général Lagrange. — Morio ministre de la guerre. — Le boiteux Lahaye. — Anecdote. — Abus scandaleux. — Le général Allix. — Anecdotes. — Les finances de la Westphalie. — La liste civile. — Pénurie dans laquelle se trouve le royaume. — Daru. — Organisation des services publics. — Meding, directeur des mines du Hartz. — Anecdotes. — La ville de Cassel. — Aventures galantes du jeune roi. — Mme de Truschess. — Anecdotes. — Les bulletins secrets. — Celui de Jollivet (fin décembre 1807). — Mlle Henin. — Mlle Heberti. — Mme de Launay. — Fin de l'intrigue Truschess. — Anecdotes. — Les bals masqués.

Mais revenons au Roi qui s'amusait.

Descendu le 7 décembre 1807 au palais de Willemshöhe de l'ancien électeur, près Cassel, palais débaptisé par Jérôme et appelé par lui du nom de Napoléonshöhe, ce jeune prince fit le lendemain avec la Reine son entrée solennelle dans sa capitale. Le jour même il composa son ministère : Beugnot eut les finances, Siméon la justice et l'intérieur, Jollivet le Trésor et Lagrange le portefeuille de la guerre.

La police fut donnée à un avocat sans cause venu de Paris dans les bagages, un sieur Lajarriette, qui ne savait pas un mot de la langue du pays. Jean Muller fut nommé ministre secrétaire d'État, mais ces hautes fonctions furent remplies provisoirement, en l'absence du titulaire, par un M. Cousin de Marinville, secrétaire des commandements de Jérôme.

Ce M. Cousin de Marinville, neveu d'un sénateur du même nom, savant professeur de mathématiques au Collège de France, était un des favoris de Jérôme, dont il protégeait les amourettes, remplissant volontiers auprès du prince les fonctions du conseiller *Bonneau*. Souvent mal dans ses petites affaires, il fit un jour au jeune Roi une spirituelle réponse qui lui valut une bonne gratification. S'étant présenté à la cour magnifiquement vêtu tout de neuf, et Jérôme lui en ayant fait compliment : — Sire, lui dit-il en s'inclinant profondément : *Cela se doit*. Le Roi comprit et lui envoya de quoi payer. Il vécut assez pour retrouver son ancien souverain sous le second Empire à Paris. Il était souvent admis à la table de l'ex-majesté, aux Invalides, au Luxembourg et au Palais-Royal.

Muller ayant décliné sa compétence pour la place de secrétaire d'État et demandé la direction de l'instruction publique, beaucoup plus en rapport avec ses aptitudes, son portefeuille fut donné à un autre favori de Jérôme, M. Le Camus, créole de la Martinique, secrétaire particulier du Roi qui, l'avait amené avec lui en France.

Le Camus, qui fut créé, quelques jours après sa nomination à la secrétairerie d'État, comte de Fursteinstein, avait trois sœurs fort jolies. L'une épousa en premières noces le général Morio, et en secondes noces Duperré, qui, devenu amiral, conduisit en 1830 la flotte française à Alger. Duperré eut d'elle un fils qu'à son retour en France Jérôme prit, en 1852, comme aide de camp, et qui est un de nos meilleurs marins, un de nos vice-amiraux les plus capables. De son mariage avec Morio, la sœur de Le Camus eut deux fils dont l'un eut par la suite une place à la cour de Napoléon III. C'est lui qui obtint du souverain l'inscription, sur l'arc de triomphe de l'Étoile, du nom de son père, qui serait bien étonné, sans doute, s'il vivait, de se trouver là.

Une autre sœur de Le Camus épousa un M. Pothau qui, par la protection de son beau-frère, ne tarda pas à devenir directeur général de la police, puis des postes, à Cassel. Mme Pothau, que Jérôme avait connue à la Martinique, retourna en Amérique en 1820 et y fonda une entreprise commerciale.

La faveur de Le Camus et la défaveur de Jean Muller firent beaucoup de tort à Jérôme dans l'esprit de l'Empereur. Le don d'une terre de 40 mille livres de rente que le jeune Roi fit à son favori (1) exaspéra plus encore Napoléon, qui, à partir de ce moment, opposa sans cesse les libéralités de ce genre aux

(1) Le 28 décembre 1807, Jérôme eut la naïveté d'écrire à son frère une lettre par laquelle il l'informait qu'il venait de créer comte de Fursteinstein et de donner une terre de 40,000 livres de rente à ce secrétaire. Le Camus, qui avait remplacé Jean Muller à la secrétairerie d'État, pour suivre en cela, disait-il, les agissements de ses prédécesseurs. Napoléon s'empressa de témoigner sa désapprobation de cet acte d'une générosité intempestive, par une lettre en date du 8 janvier 1808.

justes réclamations de son frère et à ses observations sur la pénurie des finances de la Westphalie, disant que, puisque Jérôme trouvait bien de l'argent pour payer ses favoris et ses maîtresses, il devait en trouver *à fortiori* pour des dépenses utiles et pour l'acquittement de ce qui était dû à la France. Néanmoins, par la suite, Napoléon, cédant aux obsessions de son frère, eut la faiblesse, pour lui être agréable, d'élever Le Camus à la dignité de grand-croix de la Légion d'honneur.

Jean Muller, auquel on fit de belles promesses lorsqu'il abandonna la secrétairie d'État en faveur de Le Camus, n'obtint rien et mourut quelques mois plus tard dans une telle indigence que, par testament, il demanda que l'on vendît ses manuscrits pour payer ses dettes, disposant de sa montre en faveur de son domestique, au cas où toutes ses dettes seraient acquittées.

L'Empereur, nous l'avons dit, en apprenant ce qui avait eu lieu pour Le Camus et pour Muller, laissa percer un grand mécontentement qui nuisit beaucoup à Jérôme.

Le Camus, créé comte de Fursteinstein, épousa

la fille du comte de Hardenberg, dont il fit nommer le père grand veneur.

Ce Le Camus n'avait d'autre mérite que celui d'être un bon courtisan. Fort avant dans l'intimité de Jérôme, dont il caressait les goûts, les passionnettes passagères et dont il avait su capter la confiance. Sa famille, grâce à lui, devint des plus influentes à la cour de Westphalie.

Près du jeune Roi se trouvait encore un M. Boucheporn dont le père avait été intendant en Corse et qui, lui, avait vendu des cure-dents et des bretelles dans les cafés de Hambourg. Ce personnage fort adroit s'attacha aux Bonaparte en faisant valoir le souvenir des relations de son père avec la famille de l'Empereur, vint en Westphalie, où il fut nommé préfet du palais. Par la suite, il épousa une jolie personne qui eut un instant les faveurs du Roi.

Enfin, auprès de Jérôme et fort ancré dans ses faveurs, se trouvait aussi le colonel Morio, que l'Empereur n'aimait pas, à cause de la légèreté de son caractère. Ce Morio, ancien élève de l'École polytechnique, ancien capitaine du génie, attaché à la personne de Jérôme pendant la campagne de

1807, en Silésie, ne manquait ni d'instruction ni de courage; mais il était brouillon, peu disposé au travail, et Napoléon n'admettait pas un avancement aussi rapide que le sien, motivé en partie sur des services d'antichambre.

Cet entourage n'était pas de nature à laisser entrevoir un gouvernement sage, et Napoléon le comprit bien vite; aussi fit-il revenir les rares hommes ayant quelque mérite qui avaient suivi son frère dans ses États. De ce nombre, le général de cavalerie Lefebvre-Desnouettes, quelques instants un des grands dignitaires de Jérôme.

Un autre général, La Grange, d'abord ministre de la guerre, ne tarda pas à quitter le nouveau royaume; voici pourquoi :

Jérôme apprit un beau jour par sa police que des magistrats hessois, chargés précédemment de la gestion du domaine et dépositaires d'une forte somme d'argent, en avaient disposé au profit de ce général La Grange et de l'intendant M......... pour se les rendre favorables; que ceux-ci avaient accepté et palpé les espèces. Or, comme Jérôme avait une caisse à peu près vide, il trouva la chose fort mauvaise, fit arrêter et mettre à la prison de Cassel les deux anciens agents et poursuivit la restitution des sommes données illégalement. Aussitôt, le général La Grange détale sans tambour ni trompette et revient en France avec son argent. L'Empereur, qui aimait les bons officiers et ne pouvait souffrir ceux qui quittaient son service pour celui de ses frères, le reçut bien, donnant presque tort à Jérôme. L'intendant, lui, n'osant s'éclipser aussi cavalièrement, rendit l'argent, et l'affaire étouffée n'eut pas de suite. Jérôme ne trouva rien de mieux, pour se consoler du départ de La Grange, que de donner le portefeuille de la guerre à Morio, nommé général. Ce dernier, qui ne doutait de rien et ne se doutait pas de grand'chose, trouva cependant moyen d'organiser en peu de temps, tant bien que mal et plutôt mal que bien, ses bureaux de la guerre. Il prit pour chef du personnel un malheureux dont l'existence s'était passée jusqu'alors à mettre un cachet de commissaire sur les bons de vivres. L'individu, au bout de trois jours d'une sorte d'emprisonnement dans un bureau surchargé de cartons, ennuyé et reconnaissant son insuffisance, résilia ses hautes fonctions et demanda un emploi plus en harmonie avec ses facultés. Comme il avait une détestable écriture, on en fit un copiste, puis, après, un commissaire des guerres.

Une foule d'aventuriers affluaient à cette époque en Westphalie, sorte de terre promise pour les incapables et les paresseux; l'un d'eux, nommé Dupleix, employé en France dans ce que l'on appelait plaisamment les *vivres-Bâches,* fut bombardé par Morio chef de division, et devint, par la suite, inspecteur aux revues, intendant du Trésor et conseiller d'État. Un autre mauvais employé des bureaux de la guerre à Paris, envoyé en Westphalie, fut nommé chef de division. Il se nommait Lahaye. Ce personnage, qui s'était pris au sérieux, étonné de ce qu'on ne l'avait pas, dès son arrivée à Cassel, nommé conseiller d'État, était boiteux et avait la manie, pour se faire voir, de se mettre sans cesse sur le passage du Roi, auquel il déplaisait. Jérôme, impatienté de cette persistance, ayant un jour demandé ce que c'était que ce boiteux qui se trouvait toujours sur ses pas, on lui répondit que c'était le chef de la circonscription. — Eh bien! qu'on lui dise, fit le Roi, de rester à son bureau. Il ne lui en donna pas moins la décoration de la Westphalie, et ce boiteux, peu scrupuleux et intrigant, gagna assez d'argent pour se faire bâtir une maison sur les revenants-bons de la conscription, maison devenue une espèce de sérail au petit pied où il entretenait une demi-douzaine de filles pour son usage particulier.

Sous sa protection, les abus les plus scandaleux se commettaient impunément, abus que des agents de son choix aggravaient encore par des exactions révoltantes. Ces marchands de chair humaine s'engraissaient, eux et leur chef, aux dépens des Westphaliens. Les plaintes qui venaient à se produire, arrêtées, dès le principe, par le chef du bureau de la conscription auquel elles étaient d'abord transmises, ne parvenaient jamais à se faire jour, et le ministre Morio était trop léger, trop occupé de lui, d'ailleurs, pour descendre à de pareils détails. Il en résultait que l'armée, composée, en grande partie, ou d'hommes malingres remplissant les hôpitaux, ou de vagabonds qui désertaient dès qu'ils avaient touché leurs effets, était des plus mauvaises. Tout cela était connu de l'Empereur, qui ne plaisantait pas sur ce qui avait trait aux choses des armées ; aussi avait-il pris en grande déplaisance le ministre Morio, favori de son frère.

Sous le ministère de ce général Morio, on affectait des économies qui ne portaient habituellement, du reste, que sur des choses nécessaires ; mais s'agissait-il de quelque folle conception, on jetait l'argent par les fenêtres. Voici, à ce sujet, une anecdote amusante :

L'Empereur avait envoyé à son frère, pour organiser et commander l'artillerie de sa petite armée, un excellent général, nommé Allix. Un jour, dans une grande manœuvre faite en présence du roi, Jérôme voit avec étonnement le général Allix courant à pied derrière ses batteries. « Général, lui crie-t-il, est-ce que vous n'êtes pas monté ? — Non, sire, répondit-il tout essoufflé, depuis que je n'ai plus de fourrage, je suis à pied. » Quelques jours auparavant, on avait supprimé les rations de fourrage aux officiers. Le roi fit donner un cheval de sa suite à Allix et rendre aux officiers montés les rations.

Le général Allix, ancien chef d'état-major à l'armée de la Moselle, excellent militaire, avait son franc-parler. C'était un homme d'esprit, mais ne sachant pas retenir sa langue. Un jour, Jérôme vint visiter l'arsenal de Cassel. Apercevant dans un coin de vieilles bouches à feu en fer et hors de service : « Général, dit-il à Allix, vos canons sont bien rouillés. — Parbleu, sire, ce ne sont pas des voitures de la cour, » répond brusquement Allix.

On comprend que la première et la plus importante question dont le roi et ses ministres eurent à s'occuper fut celle des finances, alors dans le plus déplorable état.

La liste civile était fixée à cinq millions par an. Jérôme commença par exiger le payement des six premiers mois, et celui des six derniers par anticipation. Or, les caisses étaient vides ; il était dû un arriéré de trois mois dans toutes les branches du service public. Depuis près d'une année, les pensions civiles, militaires, ecclésiastiques n'étaient pas payées. Dans la fâcheuse extrémité où l'on se trouvait, un seul parti était à prendre, puisque non seulement l'Empereur ne voulait pas venir en aide au nouveau royaume, mais exigeait le payement de la contribution de guerre ; ce parti, c'était un emprunt. On recourut aux juifs. Le banquier Jacobson avança deux millions à un fort intérêt. Ces deux millions furent absorbés par la liste civile. La situation ne cessa donc pas d'être alarmante, puisque le Trésor ne pouvait compter sur aucun recouvrement d'impôts avant trois mois, les agents de l'empereur Napoléon ayant perçu les revenus par anticipation, sans acquitter aucune dépense et en laissant un déficit énorme. En outre, arriva alors à Cassel l'intendant général Daru, envoyé avec mission d'exiger le payement d'une contribution de guerre de vingt-cinq millions, et de faire restituer au domaine extraordinaire la totalité des domaines westphaliens. Daru mit quelque forme à ses exigences, mais se montra intraitable quant au fond, ainsi qu'il en avait l'ordre. Il fut décidé que les vingt-cinq millions seraient payés dans l'espace de dix-huit mois, à raison d'un dix-huitième de la somme par mois. L'intendant général réserva pour sept millions de rentes sur les domaines, ne laissant pas même à Jérôme les terres attenantes aux maisons royales.

Ce système exacteur, suivi avec persévérance et

et rigueur par Napoléon, qui disposait des trésors de l'Europe, mettait son frère dans la nécessité d'opprimer ses nouveaux sujets et de se rendre odieux. Or, l'Empereur n'ignorait pas la situation financière véritable de la Westphalie ; mais, comme le jeune roi se montrait volontiers prodigue, ainsi qu'il l'a été toute sa vie, quel que fût l'état de ses propres finances, il s'arrogeait le droit d'exiger impérieusement ce à quoi le pays avait été imposé.

Jérôme alors réunit les États du royaume pour leur exposer la situation. Il les assembla dans l'orangerie du parc de Cassel, et, comme il ne manquait ni d'esprit ni de tact, il composa et prononça un discours plein de noblesse et de dignité. Rien ne fut, toutefois, décidé dans cette réunion, ce qui était inévitable. Aucune branche de l'administration n'étant organisée, il eût été difficile de prendre un parti et encore plus de l'exécuter. Il ne résulta de cette tenue des États qu'une vaine pompe, qu'un luxe stérile étalé sous les yeux du peuple de Cassel, étonné d'un spectacle auquel ne l'avait pas habitué l'ancien électeur de la Hesse, le prince le plus avare de tous les petits souverains de l'Allemagne.

Jérôme, qui joignait à une grande noblesse beaucoup de bon sens et de courage, résolut cependant de se mettre à l'œuvre et de commencer par organiser au plus vite la partie administrative et financière de son royaume. Il nomma des préfets, des sous-préfets, des receveurs généraux, un peu à la légère peut-être, mais en ayant soin de ne donner les places les plus élevées qu'à des Allemands. Vers la fin du mois de février 1808, l'organisation civile, judiciaire, financière fut à peu près terminée tant bien que mal.

Le roi apprit alors, par hasard, que le directeur général des mines du Hartz, fonctionnaire des plus importants, un M. de Méding, entretenait des relations suivies et suspectes avec l'Angleterre. Décidé à s'emparer de la correspondance de ce M. Méding, si la chose était possible, on chargea un M. Neuvier, commissaire de la régence de Gœttingue, de cette mission délicate.

Cet individu, homme taré, parvenu à sa position par de basses intrigues, maladroit, bavard, indiscret, perdit la tête en apprenant qu'on avait jeté les yeux sur lui pour cette expédition. Plein d'orgueil et de jactance, il éventa la mèche et s'y prit si bien que, lorsqu'il arriva à Clausthal, domicile de M. de Méding, il eut beau briser les portes, chercher partout, il ne trouva rien. En vain il fouilla jusque dans les caves, se figurant qu'elles recélaient des trésors, il revint à Cassel, comme on dit vulgairement, *chou blanc, bredouille*, mais en rapportant un rapport superbe sur ses opérations. Introduit dans le salon de M. Beugnot, qui aimait fort à mystifier son monde, qui se permettait volontiers des plaisanteries assez désagréables et lui avait promis monts et merveilles avant son départ, il fut reçu par cette apostrophe du ministre : « Ah ça, monsieur Neuvier, on dit que vous avez fait le métier d'escroc là-bas. » Ce mot tua l'intrigant, qui perdit le peu de considération que l'on pouvait avoir pour lui. Quant à M. de Méding, il fut mandé à Cassel, mis en quelque sorte à la question, et, comme il tint bon et ne se laissa pas démonter, comme il ne pouvait être remplacé dans l'administration des mines du Hartz, on fut forcé de lui conserver son poste, après un éclat fâcheux et ridicule que Napoléon désapprouva.

Dès les premiers mois de l'année 1808, Cassel

commença à se ressentir de la présence des Français dans ses murs et de l'influence de la cour de Jérôme. La ville fut mieux éclairée, les rues plus propres et la police mieux faite. Des restaurants, des cafés, des spectacles, des maisons de jeu et de prostitution s'y établirent, choses jusqu'alors inconnues dans la cité résidence du souverain. Jérôme, quoique adorant sa jeune femme, dont il était l'idole, se livrait, en dehors d'elle, à mille distractions galantes. Aussi le jeune roi, fort joli homme, très généreux, très entreprenant auprès des femmes, ne chômait pas d'aventures, souvent passablement scandaleuses. Pendant l'hiver, il éprouva quelque velléité pour une grande dame de sa joyeuse cour, la comtesse de Truschess-Waldebourg, qui ne demandait pas mieux que d'être mise en scène, moins par motif de galanterie que par ambition.

Mme de Truschess-Waldebourg, née princesse de Hohenzollern, dont le mari avait été ministre de Wurtemberg à Paris, attirée à la cour de Westphalie, y devint grande maîtresse du palais. Son mari y fut nommé premier chambellan. Elle n'était pas de la première jeunesse. Plus jolie que belle, plus adroite que spirituelle, ayant, en outre, le maintien raide et les allures orgueilleuses d'une noblesse de chapitre, elle plut, telle qu'elle était, au souverain, et comme elle visait plus au positif qu'à l'idéal, elle se laissa facilement aller au goût du prince, n'y voyant qu'un incident favorable pour fonder son crédit. Le plus plaisant, c'est que la reine avait pour elle une amitié telle qu'on l'appelait, à la cour, la *gouvernante* de Catherine.

La petite intrigue de Jérôme et de la dame en question fut quelque temps tenue assez secrète ; la cour seule, sauf la reine, la connaissait ; mais, un beau jour, un petit auteur qui versifiait assez agréablement s'étant avisé de faire jouer sur le théâtre de Cassel, sous le nom du *Troubadour*, une pièce, sorte d'allégorie aux amours du roi et de la comtesse, la chose fut dévoilée au public, qui s'en amusa d'autant plus qu'au lieu de faire justice de cette pasquinade, le roi prit fort bien la plaisanterie et envoya un cadeau à l'auteur.

Toute la conduite et les amourettes de Jérôme, toutes les histoires de l'amusante et folichonne cour de Westphalie étaient connues de Napoléon, qui se les faisait écrire, sous le titre de bulletin, par deux hommes, le comte Jollivet et son ambassadeur, ministre de famille, le baron de Reinhard. Il n'en riait pas toujours. Nous aurons occasion de faire connaître quelques-uns de ces bulletins, rapports secrets adressés directement à l'Empereur, qui, après les avoir lus et en avoir fait son profit, les envoyait aux archives des affaires étrangères, où ces documents sont encore conservés aujourd'hui.

Ce que nous avançons ressort du paragraphe ci-dessous d'une lettre de Champagny, duc de Cadore, ministre des relations extérieures, au baron de Reinhard :

« Sa Majesté désire encore qu'à vos dépêches vous joigniez des bulletins non signés et contenant les nouvelles de société, les bruits de la ville, les rumeurs, les anecdotes vraies ou fausses qui circulent, en un mot, une sorte de chronique du pays, propre à le bien faire connaître. »

Ainsi, dès la fin de l'année 1807, Jollivet envoya directement à l'Empereur le bulletin ci-dessous :

« Le peuple de Cassel s'est singulièrement refroidi

depuis l'arrivée du roi. On chante misère ; on se
plaint. Les choses ne vont pas comme on l'avait
promis. Les Français qui s'étaient rendus en Westphalie se retirent en foule et entièrement mécontents.
On se désole à la ville, on se déplait à la cour où il
n'y a, dit-on, ni argent ni plaisir (*ceci était faux*). Tout
le monde est triste. Le roi ne reçoit pas de témoignages de respect. Rarement le salue-t-on, dans les
rues où il passe souvent à cheval. Il a perdu dans
l'opinion publique. Quelques affaires de galanterie
lui ont déjà nui. On sait, dans le public, qu'une des
femmes de la reine a été renvoyée à cause de lui. Le
premier chambellan, M. Le Camus, avait cependant
trouvé moyen de retenir cette femme à Cassel pour
le compte de son maître. La reine a insisté pour
qu'elle en sortît. La police l'en a enfin débarrassée.
M. Le Camus passe pour un serviteur complaisant
de son roi. Une comédienne de Breslau, que le roi y
avait connue pendant sa campagne de Silésie, doit
avoir été attirée à Cassel par les soins de M. Le Camus, par ordre de son maître. On raconte quelques
autres histoires du même genre. Les mères de Cassel
qui ont de jolies filles craignent de les laisser aller

aux bals et aux fêtes de la cour. La reine est aimée. On craint beaucoup pour son bonheur domestique.

« Le chef de la police de Cassel, M. Lajarriette, passe pour un brouillon et pour un bavard. Sa police est le secret de la comédie et elle ne sert qu'à indisposer tout le monde. C'est un homme tranchant, plein de jactance et qui veut que personne n'ignore ce qu'il fait. Il paraît surtout attacher de l'importance à être maître de tous les secrets de la poste et s'y prend de manière à ce que tout le monde le sache. Puis il s'amuse à colporter les histoires d'amour qu'il a surprises, puis il cherche à se donner les airs d'un homme qui a toute la confiance du roi, toute celle de la reine et toute celle des ministres. On le regarde comme un intrigant et comme un sot. Du reste, il ne contribue pas peu à indisposer les habitants de Cassel contre la cour et à leur faire prendre une mauvaise idée du gouvernement. « Le tout va fort mal. »

C'est par cette voie que Napoléon sut que son frère avait fait venir de Paris une fort jolie actrice nommé Mlle Hénin et en avait fait une de ses maitresses. Fort mécontent de cette nouvelle équipée de son jeune frère, il fit enlever la belle, un beau matin, sans plus de cérémonie et la fit ramener en France. Jérôme ne tarda pas à la remplacer par une demoiselle Heberti, fort jolie personne, dame de compagnie de la femme de son ministre de la justice, Siméon. Toutes ces aventures galantes, dans une ville comme Cassel, ne pouvaient passer inaperçues et rester ignorées du public. La position de Siméon ne fut plus possible en Westphalie; Jérôme le comprit et l'envoya ambassadeur à Berlin.

Avant d'aller plus loin, faisons connaître comment se termina la petite intrigue de Jérôme et de la comtesse de Truschess-Waldebourg, *la gouvernante* de Catherine, intrigue qui faillit avoir des conséquences politiques.

Cette dame de Truschess-Waldebourg, qui ne voulait, par la puissance de ses charmes, qu'exercer un pouvoir politique sur le jeune roi, était à la tête du parti allemand, dont le chef était le ministre des finances, Bülow, en opposition avec le parti français, représenté par la famille de Le Camus, comte de Fursteinstein. Désirant s'immiscer dans les affaires de l'État, elle était parvenue à faire nommer des préfets et des généraux de son choix. Fort heureusement, ces fonctionnaires n'avaient alors d'autres occupations que celles de faire la belle jambe à la cour et dans les salons de leur résidence.

La cour se montrait assez indifférente de la faveur de la jolie comtesse, mais la famille Fursteinstein s'en alarmait avec d'autant plus de raison que le crédit de Bülow menaçait d'éclipser bientôt le sien.

Le parti français chercha longtemps les moyens de détruire une influence si contraire à ses intérêts. Il pensa d'abord que, comme un clou en chasse habituellement un autre, en faisant naître une nouvelle passionnette dans le cœur inflammable du jeune roi, on détruirait la prépondérance de la favorite ; mais le cœur de Jérôme, à l'endroit des amours ou plutôt des amourettes, était si large, que les clous s'y implantaient à côté les uns des autres sans se chasser. Toutefois, comme Le Camus connaissait à fond le maître et qu'il le savait doué du plus bel amour-propre, il imagina de l'attaquer sur ce terrain. La police était aux mains du comte de Fursteinstein par son beau-frère Pothau. On imagina de faire des

3.

rapports au roi sur la comtesse et de supposer une correspondance et même des rendez-vous. Un jour, on fit trouver un tiers chez Mme de Truschess, au moment où Jérôme s'y rendait. Celui qui jouait ce rôle eut l'air déconcerté d'un amant, surpris en flagrant délit et s'esquivant au plus vite. Cette petite scène, habilement préparée, bien jouée, fit croire au prince qu'il avait un rival heureux. Cela le piqua au vif, et, comme il commençait alors à s'occuper d'une autre jolie personne de sa cour, la comtesse de Benterode, femme du général Ducoudras, ancien aide de camp de La Grange, il ne fallait plus qu'une étincelle pour mettre le feu aux poudres. Cette étincelle ne tarda pas à se produire ; voici dans quelles circonstances :

Le roi aimait beaucoup les bals masqués ; non seulement il en donnait lui-même à sa cour, mais il en faisait donner par ses grands dignitaires, ses ministres, et s'y montrait avec la reine. A l'un de ces bals, Mme de Launay, fille de Siméon, profitant du déguisement, fit quelques plaisanteries assez innocentes sur Mme de Truschess. Le lendemain, la *gouvernante* de Catherine vint se plaindre à sa souveraine rapportant les choses non telles qu'elles avaient été dites, mais en les dénaturant. La reine témoigna son mécontentement. Cela vint aux oreilles du ministre Siméon, qui fut trouver le roi et se plaignit avec mesure de ce qu'avait fait Mᵐᵉ de Truschess. Jérôme, qui en avait assez de son amourette avec la grande maîtresse et avait été blessé dans son amour-propre, profitant de la circonstance, la traita de menteuse, disant qu'il n'y avait de bon dans sa famille que son mari. Le soir, la dame fut mal accueillie par le roi. Elle pleura, s'évanouit et envoya sa démission de ses fonctions, démission qui fut acceptée immédiatement (ce sur quoi elle n'avait pas compté), à la grande satisfaction de toutes les personnes de la cour dont elle était détestée à cause de ses propos méchants. Elle ne fut regrettée que de la reine, ce qui amusa beaucoup l'entourage.

Elle avait un ennemi dans le comte de Wellingerode (Meyronnet), grand maréchal du palais qui, prêt à se rendre à Marseille, lui dit en riant :

— Eh bien ! grande maîtresse, je pars, je serai absent un mois, tâchez de mettre ce temps à profit, car, si vous ne l'empêchez, je reviendrai.

— Un mois, grand maréchal, répondit la comtesse, c'est bien court, mais nous aviserons.

Une semaine plus tard, la démission de la grande maîtresse était acceptée ; elle partait avec son mari pour un voyage dit d'agrément en Italie et, le jour même, Jérôme faisait prendre possession de son hôtel, jadis occupé par le ministre des finances, qui avait dû l'évacuer en vingt-quatre heures pour faire place à la comtesse alors favorite du roi. Lors de son départ, le grand écuyer d'Albignac s'écria : *Voilà une démission qui nous donne quatre-vingt mille livres de rente*. Ainsi se termina l'intrigue Jérôme-Truschess. Bien d'autres devaient lui succéder.

La cour de Westphalie ne chômait pas en fait d'aventures galantes.

LIVRE III

Les contributions. — La liste civile. — L'intendant La Flèche. — Jollivet. — Beugnot rentre en France. — Bülow ministre des finances. — Anecdotes concernant Beugnot et Bülow. — Le portefeuille de la guerre retiré à Morio. — L'ordre de la couronne de Westphalie. — Mot de Napoléon. — Les révolutions de sérail en Westphalie. — Rewbell, Boucheporn, Marinvi'le. — Le théâtre à Cassel et à Napoléonshöhe. — Anecdotes galantes. — Le général d'Albignac grand écuyer. — Le poète Brugnères. — Bülow et son système. — Le général Éblé, ministre de la guerre. — Ses tentatives de réforme. — Nouvelles intrigues amoureuses de Jérôme. — La comtesse de Bouterode. — Anecdotes galantes. — Révoltes en Westphalie, en 1809. — Affaire de Standal (3 avril). — Conspiration de Dænberg (22 avril). — Belle conduite du roi Jérôme. — Affaire de Marbourg. — Mansuétude de Jérôme. — Tentative de Schill en avril. — Les généraux d'Albignac et Gratien. — Le 10ᵉ corps, organisé et commandé par Jérôme se porte sur la Saxe. — Amusante façon de faire la guerre de Jérôme. — Mécontentement de Napoléon. — Affaire du duc d'Œls. — Disgrâce de Rewbell.

A la fin de mars 1808, plusieurs parties du service public furent à peu près organisées malgré la pénurie d'argent qui se faisait d'autant plus sentir que les contributions rentraient lentement, péniblement, et que la liste civile râflait presque toujours les pauvres sommes qui étaient versées au Trésor. La Flèche, le mari complaisant de Blanche Carréga, intendant de cette liste civile, signait à tort et à travers des ordonnances par anticipation et comme, avant tout, il fallait, coûte que coûte, de l'argent au roi pour ses dépenses, ses prodigalités, ses dons, l'entretien de ses maîtresses, les cadeaux et le luxe de sa maison, il se trouva qu'avant la fin des trois premiers mois de son séjour à Cassel et à Napoléonshöhe, les huit douzièmes de la liste civile pour la première année étaient absorbés.

Le ministre du Trésor, Jollivet, crut devoir s'opposer à ce désordre et refusa les fonds. Jérôme s'insurgea, Jollivet parla de responsabilité. On lui rit au nez; il se roidit, prévint l'Empereur; on le destitua en Westphalie. Mais, l'affaire étant venue à la connaissance de Napoléon, l'ex-ministre du Trésor reçut immédiatement le titre de commissaire impérial, ministre extraordinaire près la cour de Westphalie, avec mission d'exiger la rentrée des contributions de guerre. Le roi dut encore souffrir cette petite humiliation. On voit que si La Flèche était un mari *in partibus*, Jérôme était bien un peu, lui aussi, un roi de la même espèce.

Vers cette époque, le premier ministère de la Westphalie se trouva disloqué. La Grange avait été remplacé par Morio ; Jollivet n'était plus au Trésor; Siméon était parti pour Berlin ; Beugnot demanda, sous main, son retour en France, ce qui lui fut accordé. Il indiqua pour le remplacer un M. de Bülow, ancien président de la Chambre prussienne de Magdebourg et alors conseiller d'État, qui fut chargé, sur sa recommandation, du portefeuille des finances.

Un mot sur ces deux ministres.

Nous avons déjà parlé de Beugnot, de ses tendances aux plaisanteries de mauvais goût, du bonheur qu'il avait à intimider, à mystifier les gens qui l'approchaient. Voici un trait qui le peint.

Une foule de postulants, de solliciteurs de toutes classes assiégeaient les ministères. Français, Allemands, il en sortait de dessous terre. Beugnot s'amusait beaucoup de l'air piteux et contrit de ces pauvres aspirants qui cherchaient à l'approcher avec le même empressement qu'un malade met à profiter de la douce influence d'un soleil de printemps.

Chez les Allemands le supérieur est habituellement hautain, dédaigneux, quelquefois peu poli vis-à-vis de son inférieur. Ce dernier est souvent humble jusqu'à la bassesse. Beugnot, l'ex-petit avocat de Bar-sur-Aube, trouvait délicieux de voir les barons de la Westphalie s'humilier et mettre à ses pieds leurs quartiers de noblesse. Un jour, un de ces pauvres nobles, après maintes démarches infructueuses, est enfin parvenu à se présenter à l'audience du ministre. Il entre, trouve Son Excellence au milieu d'une assistance assez nombreuse, le dos à la cheminée, se chauffant le derrière. Le ministre le fait approcher et lui dit à haute voix : — Savez-vous le latin, monsieur le baron. — Oui, Excellence. — Eh bien ! comment dit-on en latin : Je mets mes culottes. Notre homme a fait de sérieuses études à Iéna, à Gœttingue ; il traduit Virgile, Horace, Cicéron ; mais, démonté par la singulière question du ministre, il reste muet. — Allons, monsieur le baron, je vois bien que vous ne savez pas le latin et il le congédie au milieu des rires de l'assemblée.

M. de Bülow, lui, était plus en état de mener à bien une intrigue que de conduire les finances d'un pays. Beugnot le savait et il comptait, en le désignant à Jérôme, décocher en partant, le trait du Parthe. Les choses tournèrent autrement et, quoique le nouveau ministre ne fût pas un grand financier, bien qu'il eût le malheur de s'exprimer avec difficulté et même d'être atteint d'un bégaiement désagréable, il joua bientôt un rôle considérable. Ce qui attira sur sa tête une grande faveur, c'est qu'il comprit, en prenant le portefeuille des finances, que dût-on engager pour longtemps l'avenir, il fallait, avant toute chose, faire entrer de suite de l'argent dans les caisses de l'État et surtout dans celles de la liste civile. Il atteignit ce but en vivant au jour le jour avec les emprunts forcés et le secours des juifs. Quoique le royaume eût la dette publique énorme, pour un si petit pays, de cent douze millions, il proposa un emprunt forcé de vingt millions qui fut voté par les États une seconde fois assemblés à ce sujet.

Bientôt, au portefeuille des finances, il joignit celui de la guerre ; le roi, sur les observations de l'Empereur, l'ayant retiré au général Morio. Napoléon, en effet, avait écrit, le 22 juin, au major général Berthier :

« Donner l'ordre au roi de Westphalie qu'il ait à rapporter sur-le-champ une circulaire *avilissante* pour l'armée française.

« Les militaires français ne doivent pas être subordonnés aux militaires westphaliens.

« Dire au roi de Westphalie que le général Morio ne saurait être le chef de l'armée ; que cet officier n'a ni tête ni sens. »

Voici deux autres faits se rapportant à ce général Morio dont le nom, grâce à la faiblesse ou à l'ignorance de Napoléon III, est inscrit sur l'arc de triomphe de l'Étoile, à côté de ceux des meilleurs généraux du premier Empire.

Le 3 février 1809, le roi Jérôme écrivit à l'Empereur une lettre relative à ses finances et la fit porter à Paris par M. Morio. Napoléon lui répondit le 11 du même mois : « Je suis étonné que vous m'envoyiez le général Morio qui est une espèce de fou. Vous trouverez bon que je ne le voie pas, etc., etc. »

Jérôme, désirant faire revenir son frère sur le compte de son favori, lui donna, un peu plus tard, le commandement des troupes westphaliennes envoyées en Espagne. Au bout d'une année dans la Péninsule, Morio, ennuyé, quitte l'Espagne, a la fâcheuse idée de passer par Paris et de se présenter à une audience de Napoléon qui lui dit brusquement : — Qui êtes-vous ? — Sire, je suis le général Morio. — Vous général, dans mon armée vous ne seriez pas caporal. Et il lui tourne brusquement le dos.

Ce fut vers cette époque que le jeune roi de Westphalie, qui aimait à singer son frère, imagina de créer pour ses États un ordre de chevalerie ayant de l'analogie avec celui de la Légion d'honneur. Il en fit faire le dessin et l'envoya à l'Empereur qui, en voyant qu'il était surchargé de têtes d'aigles, de chevaux et d'autres quadrupèdes ou bipèdes, s'écria en riant : — Il y a bien des bêtes dans cet ordre-là. L'ordre westphalien fut créé cependant et, comme le royaume, n'eut qu'une courte et peu retentissante existence.

Rien ne saurait donner une idée des espèces de

révolutions de sérail qui s'accomplissaient sans cesse à la cour de Westphalie et qui, presque toutes, étaient causées par les favoris et surtout par les favorites de Jérôme se succédant les unes aux autres pour ainsi dire sans interruption.

Du jour au lendemain on voyait la faveur du jeune roi se porter sur un ou plusieurs des individus, hommes ou femmes, de son entourage. Ainsi à la fin de 1808 et moins d'une année après sa prise de possession du trône, le frère de l'Empereur, avait créé le général Rewbell : divisionnaire, conseiller d'État, gouverneur de Cassel, et l'avait chargé avec, le préfet du palais de Boucheporn et le chambellan Marinville, de l'importante affaire des théâtres et des coulisses. Ils firent venir de Paris à grands frais les meilleurs sujets pour la comédie, l'opéra et surtout le ballet (1). Le roi donnait vingt mille francs à Bourdais, autant à Derubelle et à Petit-Pas, l'un

---

(1) Comme tous les Bonaparte, Jérôme aimait peu la musique, mais avait un goût passionné pour les ballets. Ainsi, à son retour en France, après le rétablissement de l'empire, ayant une loge (celle entre les colonnes) à l'Opéra, il ne manquait pas un ballet et n'assistait que rarement aux opéras. Napoléon III était de même ; en fait de musique il ne se plaisait qu'aux chansonnettes de Nadaud.

comédien, l'autre chanteur, le troisième danseur. Le théâtre de Cassel coûtait quatre cent mille francs à la liste civile. Or, les généraux de division en Westphalie, les conseillers d'État ne touchaient que quinze mille francs d'appointement. Napoléon savait tout cela ; aussi, lorsqu'on lui parlait du piteux état dans lequel se trouvaient les finances de la Westphalie, avait-il coutume de répondre : « Si mon frère trouve de l'argent pour donner des fêtes, pour payer des comédiens, des danseurs, des saltimbanques, il doit en trouver pour remplir ses engagements. »

Indépendamment du théâtre de Cassel, Jérôme avait fait construire à Napoléonshöhe, dans son château à une lieue de la ville, une salle de spectacle où l'on jouait l'été, pendant le séjour de la cour, une ou deux fois par semaine. Ces jours-là, dès le matin, une longue file de voitures aux armes du roi, faisait queue à la porte du théâtre de Cassel, pour embarquer les acteurs, les actrices, les costumes, les décors. Le luxe des représentations, la profusion des rafraîchissements, l'éclat des toilettes donnaient à ce spectacle un relief qui le faisait rechercher avec empressement ; mais n'y était pas admis qui voulait, on n'y pénétrait que sur billet d'invitation. Dans les premiers temps du séjour du roi à Cassel, il y avait un théâtre allemand qui alternait avec le théâtre de France. Un beau jour les acteurs de la comédie allemande furent congédiés pour laisser les artistes français seuls en possession de ce plaisir du public, en sorte que les individus qui ne comprenaient pas la langue française n'en pouvaient jouir.

Tout cela, nous l'avons dit, coûtait au roi des sommes folles ; mais, dans ce pays-là, l'amusement ne se payait jamais trop cher. Le triumvirat Rewbell, Marinville et Boucheporn, chargé plus spécialement de la haute direction du théâtre, n'admettait habituellement que des actrices jolies et surtout faciles.

Un soir, à un spectacle de la cour, Jérôme lorgne une nouvelle actrice qui lui paraît un vrai morceau de roi; Marinville est dépêché auprès de la belle enfant pour la prévenir que Sa Majesté la recevra après la représentation dans son cabinet. Le chambellan un peu étonné se disait : Des goûts et des couleurs...

L'actrice vient au rendez-vous. Dépouillée de son rouge, de son blanc, de son costume, de ses atours, de ses faux appas elle ne paraît plus à l'amoureux souverain qu'une assez laide créature. Jérôme s'éclipse au plus vite la laissant pour solde à Marinville qui attendait dans une pièce voisine et qui eut bien de la peine à ne pas être solidaire de la méprise. Il s'en tira en payant la belle de la bourse du roi.

Au nombre des favoris du souverain se trouvait alors un général d'Albignac, ancien émigré du corps de Rohan, officier chouan qui avait remplacé Lefèvre-Desnouettes dans les hautes fonctions de grand écuyer. Cet individu intrigant, sans mérite, que Napoléon ne pouvait souffrir, avait plu à Jérôme, on ne sait trop pourquoi. Brutal comme un charretier, hargneux comme un dogue, grossier comme un portefaix, il était du reste à sa place dans les écuries, et les femmes de la cour disaient qu'il sentait le fumier. Chaque matin on pouvait le voir faisant la police dans les écuries, en uniforme, chamarré de ses ordres, et distribuant des coups de fouet à droite et à gauche, tout cela avec le plus grand sang-froid du monde.

Le beau-frère de Le Camus ayant pris la direction des postes, avait été remplacé dans celle de la police par une autre créature du comte de Furstelnstein, un Legras de Bercagny qui, après avoir fait tous les métiers, était venu s'échouer à Cassel. D'abord abbé constitutionnel, puis fournisseur des armées, secrétaire général de préfecture, poète, médecin et surtout plat courtisan, il était policier de tout cœur. C'était là sa vraie vocation. Pendant les Cent Jours, il fut un instant préfet de la Côte-d'Or.

Outre un intendant de sa liste civile, Jérôme avait encore un trésorier nommé Duchambon, créé par le roi baron de Retterode, assez triste personnage. Au nombre des individus bien reçus à la cour de Westphalie, il faut signaler aussi un poète nommé Brugnères qui avait été secrétaire général de la guerre sous Morio et qui, faisant des acrostiches pour les fêtes de la cour, avait attiré l'attention de Sa Majesté. Il avait été successivement nommé secrétaire du cabinet et maître des requêtes au conseil d'État. Ce Brugnères que Jérôme fit baron de Sorsum, trouva le moyen de mettre de côté, pendant son séjour en Westphalie, une centaine de mille écus qu'il rapporta en France à la chute du royaume. Il acheta alors une terre près de Blois, épousa la fille du préfet Montalivet et fut, en 1819, emmené comme troisième secrétaire d'ambassade à Londres par le général Dessoles, auprès de qui il avait été employé. C'est un des rares commensaux de la Westphalie qui ait bien tourné. Ses petits vers lui valurent toutes les faveurs. De tous les anciens membres de la régence et du premier ministère, Siméon seul était encore ministre ayant été appelé à reprendre le portefeuille de la justice et de l'intérieur. Vieillard indolent et souple, il resta en Westphalie jusqu'à la fin, plus occupé de ses intérêts que du bien de l'État.

Enfin, se trouvait alors au ministère des finances le baron de Bülow, qui, ayant trouvé le moyen de soutenir par ses emprunts successifs les finances ou plutôt les dépenses de la Westphalie et de son souverain, était dans une faveur telle qu'on pouvait le considérer réellement comme le premier ministre et l'homme le plus influent du royaume. Son adresse décida Jérôme à l'envoyer en novembre 1808 à son frère, afin de tâcher d'obtenir un délai pour le payement des contributions, dont le quart à peine avait été soldé. Comment s'y prit le négociateur ? on ne saurait le dire, mais il revint triomphant à Cassel, ayant obtenu une année de répit, et sa faveur s'en accrut. Il cumula même un instant les finances avec la guerre; mais Napoléon, comprenant le ridicule de laisser ce dernier portefeuille entre ses mains, envoya à son frère, pour le remplacer, un général, homme de grand mérite, Éblé, qui prit la direction des affaires de la guerre en Westphalie.

Le général Éblé était un homme ferme et d'une probité sévère. Pendant toutes les guerres de la Révolution, il avait dirigé l'artillerie française avec beaucoup de talent. Après la conquête de la Prusse, il fut nommé gouverneur de l'importante place de Magdebourg où il se fit aimer et respecter. C'était pour la Westphalie une acquisition précieuse; il y eût fallu plus d'un homme de ce genre. Ayant une rare pénétration, un grand tact, une longue expérience, de l'opiniâtreté dans le travail, il connaissait les hommes et les choses et sentait un fripon à une lieue de distance. Il débuta dans son ministère par une réforme complète dans la bureaucratie, dont il opéra l'épuration avec courage et persévérance. Un militaire de sa trempe pouvait seul tenter de nettoyer *ces écuries d'Augias.* Les dilapidations les plus scandaleuses se perpétuaient depuis les ministères Morio et Bulow. Éblé commença par annuler les marchés véreux et en passa de nouveaux ; mais cette mesure fit jeter les hauts cris à une foule de gens placés en évidence, quelques-uns même près du trône et qui ne voulaient pas se laisser couper les vivres. Ils crièrent au scandale, les voleurs, eux, crièrent à l'injustice. Éblé lutta quelque temps avec acharnement, appelant dans le conseil des ministres un *chat* un *chat* et disant carrément la vérité au roi lui-même lorsqu'il le croyait nécessaire.

Mais ses efforts furent bientôt paralysés. Non seulement il ne put faire le bien, mais il ne put même souvent empêcher le mal. En dépit des épurations, il y avait encore autour de lui des intrigants qui se liguèrent pour empêcher la vérité d'arriver jusqu'à lui. Quelquefois il parvenait à démasquer le fripon, d'autre fois il échouait. Plusieurs marchés cassés par son ordre furent soumissionnés en dessous main aux mêmes individus. Un des chefs de division de son ministère, maintenu dans sa position, Dupleix, soutenait les individus tarés. Bref, le général fut abreuvé de tels dégoûts que, malgré les efforts tentés par Jérôme, qui avait pour lui la plus profonde estime, pour le retenir en Westphalie, il demanda et obtint de rentrer en France.

Les intrigues amoureuses de Jérôme, malgré sa profonde affection pour la reine dont il était adoré, n'en continuaient pas moins et faisaient parfois scandale à Cassel. Outre les amourettes avec Blanche Carréga, pain quotidien du jeune roi, celles avec la comtesse de Truchsess-Waldebourg avaient été remplacées par une petite passion nouvelle dont l'objet était une autre dame de la cour, la comtesse de Benterode, femme du général du Coudras.

Le général du Coudras, qui servait dans la garde, avait épousé une femme dont il était fort épris et qui, véritable Messaline, donnait l'exemple d'une débauche crapuleuse connue de toute la ville de Cassel, hormis de son époux. Sa maison était devenue le rendez-vous de tout ce qu'il y avait de plus corrompu à la cour. Jérôme y venait le matin, à pied, assistait à son petit lever, prenant toutes les privautés. Cette liaison était passablement scandaleuse et il en revint quelque chose aux oreilles de Catherine qui en montra un peu d'humeur. On lui donna quelques bonnes raisons dont elle se contenta et les choses n'en allèrent pas moins leur train. Cette amourette nouvelle de Jérôme eut un dénoûment brusque et des plus amusants. La comtesse qui faisait dix infidélités par jour à son mari n'était pas femme à se contenter des faveurs royales. Elle cherchait des amants de passage jusque dans les rangs les plus obscurs de la société : prince, officier, commis, danseur, tout lui semblait bon. Un jour, elle fit, dans un mauvais lieu, la connaissance d'un copiste des bureaux de la guerre, nommé Giraud, beau garçon dont elle s'énamoura pour de bon. Or, comme le principal rôle de la police westphalienne était d'écouter aux portes des boudoirs et des maisons les plus mal famées, elle ne tarda pas à connaître les aventures de Giraud et de sa douce colombe. Chaque matin le roi recevait un bulletin des faits et gestes qui avaient été remarqués la veille par les agents de

Bercagny. Il ne tarda pas à connaître le roman Bernterode-Giraud, patienta quelque temps, puis, un soir que la comtesse sortait du théâtre donnant la main à son adoré, elle fut tout à coup saisie ainsi que lui par une douzaine d'alguazils qui la jetèrent de force dans une voiture, sans lui donner la moindre explication. La voiture les conduisit à la frontière du royaume où on les laissa maîtres de leurs actions. Pendant ce temps, le mari était de service près du roi, en sorte qu'il n'apprit l'aventure que le lendemain. Il en fut fort affecté, le laissa voir, devint la risée de la cour et de la ville et fut obligé, ne pouvant imposer silence aux rieurs, de faire un voyage d'agrément. Malheureusement la Westphalie était dépourvue d'une bonne Sibérie apte à recevoir les favoris disgraciés.

On comprend que cette petite expédition d'un enlèvement dans la ville de Cassel, à la sortie du théâtre, n'avait pu être exécutée sans causer de la rumeur et du scandale. Les cris de la dame, les protestations du mignon amusèrent le public, ameutèrent la canaille; chacun fit ses commentaires, et ces commentaires ne furent pas à l'avantage du pouvoir, qui, après avoir provoqué la licence, la réprimait avec une justice tout orientale.

L'année 1809 fut marquée en Westphalie par plusieurs révoltes et événements graves, qui n'empêchèrent ni les fêtes de la cour ni les petites intrigues galantes du roi Jérôme.

Le 3 avril eut lieu à Standal, capitale du district de ce nom, dans la Vieille-Marche, département de l'Elbe, à quelques lieues au nord de Magdebourg, une insurrection fomentée par les sociétés secrètes de l'Allemagne voulant profiter des embarras de Napoléon qui avait alors sur les bras les affaires d'Espagne et la guerre avec l'Autriche.

Le chef était un M. de Katt, capitaine aux hussards de Schill. Une poignée de soldats et les gendarmes suffirent pour arrêter le désordre. On saisit quelques paysans que l'on enferma dans les prisons de Magdebourg. Cette petite et ridicule levée de boucliers aurait pu être prévue et arrêtée dès le principe, si les agents du gouvernement westphalien avaient eu un peu de perspicacité ; mais la police ne voyait rien, ne savait pas même que des correspondances hostiles s'échangeaient sous ses yeux; les commissaires généraux étaient beaucoup plus occupés à faire payer patente aux filles publiques, qu'à connaître de ce qui se passait dans la population des villes et des campagnes. Le choix de ces agents était fait avec tant de soin et d'intelligence que l'un d'eux, à Magdebourg, était pensionné par l'Angleterre et que les correspondances étaient expédiées sous son cachet.

Le 22 avril, une conspiration plus grave faillit culbuter Jérôme. Un des colonels de cavalerie de sa propre garde, Dœrnberg, chef de l'insurrection, à la tête de vingt mille paysans hessois, armés de toute façon, de quelques cavaliers et de deux obusiers, s'avança sur Cassel, sans que ni le gouverneur Rewbell, ni le chef de la police Bercagny aient eu vent de ce rassemblement. Deux colonnes d'insurgés se présentèrent en même temps aux portes de la ville, l'une du côté de Paderborn, au nord, l'autre par la route de Francfort, au sud. Le plan de Dœrnberg était d'enlever le roi et de l'embarquer pour l'Angleterre. Jérôme se trouvait alors dans la position la plus critique. Ses troupes étaient en Espagne, il ne pouvait opposer à l'insurrection que 2,000 hommes d'infanterie et 1,800 chevaux de sa garde. Encore ne pouvait-il trop se fier à ce petit corps, surtout à la garde, dont une partie entraînée par le colonel, trahissait. Mais le jeune roi était brave, intelligent, résolu. Au lieu de se laisser bloquer dans son palais, il monte à cheval, rassemble les troupes, les harangue avec énergie et noblesse, en appelle à leur loyauté, laissant chacun libre de soutenir sa cause ou de passer dans les rangs des révoltés. Jérôme, par cette conduite chevaleresque, ramena les cœurs à lui; officiers et soldats, à un très petit nombre d'exceptions qu'on laissa aller, jurèrent de le défendre.

Pendant ce temps-là, Éblé, sans perdre un instant, faisait mettre en batterie sur les points menacés une vingtaine de bouches à feu tirées de l'arsenal de Cassel, et, lorsque les bandes de paysans se présentèrent aux portes de la ville, il fit jouer son artillerie et ensuite charger par la cavalerie les malheureux révoltés, qui, mal conduits par Dœrnberg et fuyant en désordre, abandonnèrent leurs armes et leurs chefs. Jamais insurrection ne fut

plus alarmante et plus promptement réprimée.
Pendant quelques jours, Cassel offrit le spectacle le
plus amusant et le plus grotesque. Tout ce qu'il y
avait de Français en ville, voulant prouver à Jérôme
son dévouement, s'arma comme il put et se mit à
monter la garde et à patrouiller. On voyait à la
porte d'un corps de garde un chambellan en bas
de soie, ayant à la main une vieille pertuisane ou
une hallebarde ridicule; dans les rues, des pelotons
d'individus habillés, équipés de la façon la plus
bizarre, faisant des rondes pour veiller au salut de
la monarchie westphalienne.

Au sud, dans la basse Hesse, à Marbourg (département de la Verra), les troubles furent plus graves. Les insurgés entrèrent de force dans la ville, pillèrent les caisses, la préfecture, maltraitèrent les autorités. Heureusement, le vieux maréchal Kellermann, duc de Valmy, se trouvait alors à Francfort, organisant des bataillons provisoires pour le recrutement de l'armée d'Allemagne; il prit sur lui d'en envoyer à Marbourg quelques-uns, qui firent tout rentrer dans l'ordre. Jérôme, par politique et aussi pour obéir à sa bonté naturelle, couvrit d'un oubli profond les fautes de ceux dont il avait à se plaindre. Il montra, dans cette circonstance, une modération qui était dans son caractère et lui fit le plus grand bien dans l'esprit de ses sujets. Ainsi, deux jeunes parents du colonel Dœrnberg étaient entretenus à ses frais à l'école militaire de Brunswick, ils continuèrent à jouir de cette faveur.

Ces tentatives ne devaient pas être les seules faites en Westphalie pendant l'année 1809. Le 28 avril, le major prussien, Schill, des hussards de Brandebourg, homme audacieux, enthousiaste, illuminé brave, téméraire, mais dépourvu du jugement même des talents nécessaires à un bon chef de partisans, partit de Berlin avec quatre cents chevaux de son régiment et un petit nombre d'officiers déterminés, pour passer l'Elbe, et essayer de faire insurger la Westphalie.

Schill, âgé de 36 ans, blessé à la bataille d'Iéna, se trouvait à Magdebourg, lorsque cette place ouvrit ses portes aux Français. Il menaça le vieux gouverneur de lui brûler la cervelle s'il se rendait, parcourut les rues, le bras en écharpe, vociférant contre ses supérieurs et dans une sorte d'état de démence. Ayant des ramifications sur la rive gauche de l'Elbe, il crut pouvoir provoquer dans les départements de la Westphalie une révolution qui forcerait peut-être son pays à reprendre les armes contre la France. Le royaume de Jérôme, nous l'avons dit, était alors dépourvu, les troupes, les masses populaires fort agitées, le moment n'était donc pas mal choisi pour une audacieuse tentative. Mais Schill ne sut ni accélérer sa marche pour s'emparer de Magdebourg alors dépourvu de garnison, ni s'avancer à travers le Hartz pour pénétrer dans la Hesse et donner la main aux populations disposées à se soulever dans cette partie du pays.

Magdebourg n'avait alors pour défenseurs que deux compagnies de voltigeurs français, une de Westphaliens et une de pontonniers, sous les ordres d'un général Usslar, homme nul, aide de camp de Jérôme, et, pour gouverneur, un vieux général français, nommé Michaud. Or, cette place de Magdebourg renfermait des approvisionnements considérables, plus de 500 bouches à feu, 120 mille fusils, des munitions de guerre en quantité. Mal défendue du côté de l'Elbe, elle pouvait être enlevée par un audacieux coup de main.

Au lieu de marcher rapidement sur la ville, de chercher à s'en emparer, Schill perdit huit jours à parcourir le pays, à piller des caisses publiques, et lorsqu'il vint à une lieue de Magdebourg il se trouva en face des trois compagnies du général Usslar, envoyées en reconnaissance.

Ce général ayant ordonné à la compagnie westphalienne de ne pas tirer, soit par lâcheté, soit par trahison, le commandant des voltigeurs français, indigné, lui déclare qu'il ne reconnait plus son autorité, fait former le carré à sa troupe, se défend avec énergie et force Schill à opérer sa retraite. Usslar fut destitué et Schill, tournant Magdebourg, se porta sur Wittenberge, descendit l'Elbe jusqu'à Dömitz, où il se réfugia, se rapprochant de la mer pour gagner, au besoin, Stralsund et l'île de Rugen. Jérôme, à la nouvelle de ces événements, envoya le général d'Albignac avec une division à Dömitz pour y prendre Schill, tandis que la division hollandaise Gratien lui couperait sa retraite. Lorsque les Westphaliens se présentèrent devant la place de Dömitz, espèce de bicoque entourée de vieux parapets en terre, Schill en était parti, laissant une cinquantaine de pauvres diables qui n'eurent rien de plus pressé que de se rendre à discrétion. Le ridicule général d'Albignac, ne croyant pas prudent de franchir l'Elbe et de poursuivre le partisan prussien, revint à Magdebourg, où il fit une entrée triomphale, trainant à sa suite ses cinquante prisonniers et laissant à la division hollandaise Gratien le soin de manœuvrer seule et de couper la retraite à Schill.

Gratien se porta sur Straslsund, qu'il fit enlever de vive force. Schill, tué de deux balles dans cette place pendant l'attaque, eut la tête coupée. On l'envoya à Cassel dans un bocal d'esprit-de-vin.

D'Albignac, en rivalité avec Gratien, avait été d'une mollesse, d'un ridicule achevés ; Jérôme prit cependant parti pour lui contre Gratien, qui avait montré de la vigueur. Cela mit de la froideur entre lui et son frère Louis, le roi de Hollande.

Cependant Napoléon et la grande armée préludaient à la bataille de Wagram. Voulant avoir, au cœur de l'Allemagne, un corps capable de réprimer les insurrections et n'ayant pas de forces à sa disposition, il chargea Jérôme d'organiser avec ce qu'il avait de troupes, en y joignant la division hollandaise Gratien et le régiment grand-duc de Berg, un corps d'une vingtaine de mille hommes dont deux mille de cavalerie, qui prit le numéro 10, et avec lequel le roi de Westphalie eut ordre de se porter sur la Saxe et sur Dresde.

Jamais petite armée ne fut plus mal conduite. Le chef d'état-major était Rewbell, les commandants de division : Ducoudras, comte de Bernterode, l'heureux époux de l'une des maîtresses de Jérôme ; d'Albignac et Bongars, aussi médiocres les uns que les autres, enfin Gratien, qui, à la tête de ses six mille Hollandais, agissait d'une façon à peu près indépendante.

Jérôme se fit suivre par une partie de sa cour et par le corps diplomatique. C'était un encombrement de voitures, de valets, de chevaux de main, de gens inutiles. Il y avait même des comédiens et surtout des actrices. Lorsque Napoléon apprit comment son jeune frère était entré en campagne, il se montra fort mécontent de cette façon d'agir. Il voulait que l'on fît la guerre d'une manière sérieuse et non comme s'il était question d'une partie de plaisir.

Jérôme marcha sur la Saxe, joignit les Hollandais à Leipzig, gagna les montagnes de la Bohême, partant le matin, sans ordre, arrivant le soir à l'étape en désordre. Les commissaires des guerres pillaient, les officiers buvaient, les soldats maraudaient, les généraux jouaient et houspillaient les actrices et les filles. Heureusement pour le 10e corps et son chef, on n'entendit pas parler d'ennemis.

Au moment d'atteindre le pied des montagnes, cependant, il y eut au bivouac une alerte, on signala à tort les Autrichiens du général ennemi Am-Ende. La plus belle panique s'empara de tout le monde. Les chambellans, les personnages de la cour, les diplomates se mirent à fuir et à parcourir à toutes jambes les champs glaiseux de la Saxe, laissant leurs fines chaussures dans les ornières. Si un escadron autrichien se fût montré, c'en était fait du corps d'armée de Jérôme et de son chef.

Les courtisans commençaient à se lasser de la guerre, lorsqu'on apprit la conclusion de l'armistice de Znaïm précédant la paix avec le cabinet de Vienne; mais, par une exception singulière, les corps auxiliaires au service de l'Autriche n'ayant pas été compris dans la convention, celui du duc d'Œls, livré à lui-même, se trouva dans l'alternative de continuer la guerre pour son propre compte ou de se frayer un passage de vive force à travers l'Allemagne pour s'embarquer et gagner l'Angleterre, à la solde de laquelle il se trouvait. Ce corps était de trois à quatre mille partisans, dont sept cents cavaliers.

Le duc d'Œls, brave soldat, prit le dernier parti. Ce prince, dépouillé de son duché de Brunswich, était un homme de 40 ans, admirateur des Français et de Napoléon, mais les combattant avec acharnement. Soldat intrépide, ses passions étaient si violentes, son imagination si ardente, que le lendemain de la bataille d'Iéna, où son père fut tué, ses cheveux et sa barbe blanchirent en quelques heures.

Général d'un certain mérite, le duc montrait sur le champ de bataille un admirable sang-froid et un courage à toute épreuve, couchant sur la dure comme ses soldats, dont il portait le costume, partageant leurs travaux, leurs fatigues et leurs périls;

il avait fait de sa petite troupe une troupe de héros redoutable, malgré sa faiblesse numérique, par son audace et son dévouement.

A la tête de ces hommes, le prince, partant d'Egra aussitôt après l'armistice, descend dans les plaines de la Saxe et se porte avec rapidité sur les bords de la Saale, pousse jusqu'à Halle, dans le département westphalien de la Saale, désarme dans cette ville une compagnie de vétérans, grossit sa troupe de quelques paysans et se remet en marche, côtoyant les montagnes du Hartz afin de se ménager un asile s'il avait affaire à des forces trop considérables.

Le général Michaud, gouverneur de Magdebourg, fait connaître à Cassel la marche du duc d'Œls. Dans la ville se trouvait alors un seul régiment, le 8e de ligne, aux ordres du colonel comte de Wellingerode (Meyronnet), grand maréchal du palais, qui avait ordre de se rendre à Hambourg. Malgré les avertissements du gouverneur de Magdebourg, Meyronnet partit pour Hambourg, marchant avec négligence, comme si l'on n'était pas près d'un ennemi. Parvenu à Halberstadt, dans le département

de la Saale, il entre en ville à dix heures du matin
et y prend ses logements dans la plus parfaite
sécurité. On était au mois de juin.

Le duc d'OEls, qui connaissait son métier de partisan, informé par les paysans et par ses espions de
la force du régiment westphalien, de sa négligence à
se garder, a la pensée audacieuse de l'enlever. Une
suite de collines boisées se prolongeaient en amphithéâtre, des montagnes du Hartz au pied des murailles d'Halberstadt. Le soir, il se glisse avec sa
troupe par les sentiers et sans être découvert jusqu'aux portes de la ville, qu'il brise à coups de
canon. Le régiment westphalien était sur la place,
sans armes, à l'appel, le grand maréchal dans son
logement. Les quelques cavaliers du duc débouchent au galop par les rues, poussant un hourra, et
sabrent les pauvres soldats du 5° de ligne, qui se
sauvent à qui mieux mieux. Le comte de Wellingerode est fait prisonnier et emmené par son vainqueur, qui se dirige vers Brunswick.

Jérôme venait de ramener à Cassel une de ses
divisions, de cinq à six mille hommes, dont il avait
donné le commandement à Rewbell, avec ordre de

se dirigcr vers le nord, pour s'opposer aux tentatives des Anglais signalés de ce côté. Apprenant la marche audacieuse du duc d'Œls à travers ses États et l'affaire d'Halberstadt, il rappelle la division Rewbell et lui envoie l'ordre de se diriger sur Brunswick pour couper la route à la bande ennemie, en se mettant à cheval sur la communication de Brunswick et d'Halberstadt, tandis que la division hollandaise Gratien la prendra à dos. Ainsi près de douze à quinze mille hommes convergeaient autour de trois mille partisans harassés par de longues marches.

Tout devait faire croire que la bande du duc d'Œls allait être prise ou détruite; il n'en fut rien. Le prince arrive devant Brunswick un jour avant Rewbell, bivouaque aux portes de la place sans vouloir y entrer, malgré les instances qui lui sont faites. Pendant la nuit, la division wesphalienne vient camper entre Lunebourg et Brunswick. A la pointe du jour, le duc d'Œls marche pour forcer le passage. Aux premiers coups de feu, le 6ᵉ wesphalien, régiment composé de conscrits, lâche pied, se débande, entraîne dans sa fuite les autres troupes de la division Rewbell. Le général manque d'être pris comme le grand maréchal et ne peut rallier ses six mille hommes qu'après deux heures d'une honteuse déroute.

Le duc, ayant déblayé le passage, continue paisiblement à s'avancer vers Brémen, où il s'embarque sans obstacles pour l'Angleterre, emmenant avec lui le grand maréchal du palais du roi de Westphalie. Ce même duc de Brunswick fut tué à Waterloo, dans l'attaque de la ferme de Hougucmont, par les soldats de la division Jérôme, qui apportèrent ses armes à l'ex-roi de Westphalie, devenu, en 1815, un simple général.

Jérôme aimait beaucoup Rewbell; cependant, dans cette circonstance, les fautes de ce général avaient été si grossières qu'il n'osa le protéger. Il fut destitué, partit avec sa femme pour Baltimore, en Amérique, et l'on n'en entendit plus parler.

Quant au grand maréchal, il finit par être échangé, sur les instances de Jérôme auprès de Napoléon. On comprend que toutes ces pasquinades en Westphalie n'allaient pas à l'Empereur. Il aimait beaucoup son jeune frère, rendait justice à ses qualités, mais ne pouvait s'empêcher de le gourmander sans cesse en voyant combien il se montrait léger dans toute sa conduite. Il avait pour sa belle-sœur, la reine Catherine, l'estime la plus profonde, la mieux méritée, et une amitié sincère. Aussi fut-il heureux de les engager l'un et l'autre à se rendre à Paris pour les fêtes de son mariage avec l'archiduchesse d'Autriche.

Le jeune roi et la Westphalie firent, à cette époque, une perte des plus regrettables. Le général Eblé obtint de revenir en France. Fatigué de ne pouvoir combattre avec avantage les fripons, de ne pouvoir lutter contre la bassesse de ceux qui environnaient Jérôme, il partit, peu regretté, chose qui n'était pas étonnante, c'était un homme de bien.

LIVRE IV

Le ministre Bülow accusé de trahison. — Epigramme. — Mission de Bülow à Paris. — Jérôme espionné. — Sa lettre à Napoléon. — Il se rend près de l'Empereur (novembre 1809). — Le Hanovre annexé à la Westphalie.— Triste cadeau — Motifs du mécontentement de Napoléon. — La cour de Westphalie et ses dignitaires. — Jérôme et Catherine appelés à Paris (avril 1810). — Leur voyage avec l'Empereur et Marie-Louise dans le nord de l'empire. — Lettre de Reinhard. — Blanche Carrega, baronne de Keudelstein, infidèle au roi. — Jérôme et les dames de sa cour. — Napoléon ne veut pas recevoir son frère. — Lettre de ce dernier (1810). — Retour de Jérôme dans ses États. Il se rend à Hanovre. — Passionnette de Jérôme pour une jeune femme de sa cour, nouvelle mariée. — Le camp sous Cassel. — Mécontentement de Napoléon. — Correspondance relative à ce camp. — Anecdotes. — Double démission de d'Albignac. — Intrigue galante du prince royal de Wurtemberg. — Journal de la reine Catherine, relatif à cette intrigue. — Note B.

Au mois d'octobre 1809, Bülow fut accusé par le parti français d'avoir des accointances avec la Prusse et de trahir. On persuada à Jérôme qu'il y avait dans le cabinet de ce ministre des finances des papiers compromettants et de la plus haute importance. Il fut décidé en sous main que l'on chercherait à saisir ces papiers, et le directeur de la police, Bercagny, chargea de cette belle mission un de ses affidés, nommé Schalch, commissaire général à Cassel. Cet homme, assez mal famé, essaye de corrompre le propre valet de chambre de Bülow pour se faire introduire dans le cabinet de son maître en son absence. Le domestique raconte l'affaire à Mme de Bülow, qui lui prescrit d'accepter en se faisant donner une promesse par écrit. On choisit, pour la visite des papiers dans le cabinet du ministre, un soir où ce dernier dînait chez le grand veneur, le comte d'Hardenberg, beau-père de Le Camus. Un nommé Dumoulin, d'une famille prussienne, commis dans les bureaux, doit examiner les lettres de Bülow et les enlever. Le domestique ayant introduit Dumoulin dans le bureau, Mme de Bülow le surprend fouillant partout. Elle fait prévenir son mari, alors chez le comte d'Hardenberg, qui se lève de table, court chez lui et, muni de l'écrit de Schalch, va trouver le roi et lui rend compte de l'attentat qui vient d'être commis non pas contre sa personne, lui dit-il, mais contre celle de Sa Majesté elle-même, les papiers qui sont dans le cabinet d'un ministre appartenant au souverain. Il déclare donc que c'est au roi à se faire justice.

Alors parut un quatrain assez méchant colporté dans Cassel, et que l'on attribua généralement au poète Brugnières, le voici :

> Midas avait des mains qui changeaient tout en or ;
> Que monsieur de Bulow n'en a-t-il de pareilles ?
> Pour l'État brisé ce serait un trésor ;
> Hélas, de Midas, il n'a que les oreilles.

Le parti allemand, qui soutenait M. de Bülow, son chef, fit alors à son tour paraître le portrait-caricature de Brugnières avec un autre quatrain qui lui sortait de la bouche sous forme de banderolle et qui était celui-ci :

> On trouve mes vers mauvais :
> Oui quelques sages les rejettent ;
> Mais plus de cent sots les achètent :
> C'est pour eux que je les ai faits.

En attendant, l'affaire de Bülow et de la police avait fait du bruit.

Jérôme, pris dans ses propres filets, crut devoir

assembler le conseil et lui demander son avis sur la suite à donner à cette grosse affaire. En attendant, Schalch et Dumoulin furent arrêtés et mis en prison. Bercagny, remplacé dans ses fonctions par le général Bongars, chef de la gendarmerie, devint simple secrétaire de cabinet; Schalch fut expulsé du royaume, et le parti allemand, représenté par Bülow et Siméon, triomphant, entra plus que jamais en lutte avec le parti français, représenté dans le conseil par le comte de Fursteinstein.

Cependant, comme les affaires avec la France pour les domaines extraordinaires et les contributions de guerre étaient toujours en litige et qu'il était urgent d'obtenir pour le payement de nouveaux délais, attendu que M. Jollivet pressait le gouvernement d'exécuter le traité, et que l'on se retranchait sans cesse dans des faux-fuyants, on résolut d'envoyer à Paris un négociateur. Le choix tomba d'un commun accord sur le ministre Bülow. Le parti allemand, ayant pleine confiance dans son habileté, ne doutait pas du succès qui couronnerait sa nouvelle mission; le parti français espérait, lui, profiter de son absence pour lui enlever la faveur du roi.

Bülow hésita quelque temps à accepter, connaissant la versatilité de Jérôme et craignant les intrigues de ses ennemis pour le perdre quand il ne serait plus là ; puis, comptant sur son étoile, il consentit à se rendre près de Napoléon.

Bientôt ce ne fut plus seulement les papiers du ministre Bülow que l'on voulut connaître, mais ceux du Roi lui-même. Nous avons dit que l'Empereur avait dans le comte Jollivet, son commissaire extraordinaire, et dans son ministre de famille, le baron de Reinhard, deux espions de son jeune frère. Le premier de ces deux grands personnages, autorisé sans doute par Napoléon, gagna des agents secondaires, les propres domestiques de Jérôme, que le roi prit en flagrant délit d'espionnage.

Le 20 octobre 1809, peu de jours après l'affaire Bülow, Jérôme écrivait à Napoléon : « Sire, malgré l'oubli total dans lequel Votre Majesté paraît décidée à me laisser, puisque je ne reçois aucune réponse à mes lettres, je ne puis m'empêcher de lui faire part de la conduite scandaleuse que l'un de ses agents se permet de tenir non seulement vis-à-vis de moi et de mon gouvernement, mais encore par rapport à mes affaires particulières. Votre Majesté aura de la peine à croire que, depuis un mois, quatre de mes domestiques, tant de la chambre que de la bouche et des écuries, ont été renvoyés parce qu'ils ont été convaincus d'être les espions du comte Jollivet.

« Enfin, Sire, le scandale est porté à un point tel qu'il n'est plus de la dignité de votre frère de le souffrir! Moi-même j'ai surpris un de mes huissiers feuilletant mes papiers sur mon propre bureau; et l'ayant sommé de me déclarer qui lui faisait commettre une action si criminelle, il m'a déclaré, en se jetant à mes pieds, que depuis un an il était payé par le comte Jollivet, qui lui avait dit que c'était par ordre de l'Empereur! C'est le nom de Votre Majesté que l'on employait pour engager à une pareille action! C'est un agent de Votre Majesté que j'ai toujours comblé de bontés qui la faisait commettre! Loin de donner de l'éclat à une pareille action, je me suis contenté de renvoyer ces domestiques infidèles, en laissant même ignorer à M. le comte Jollivet le motif de leur renvoi. » En terminant cette lettre, Jérôme demandait le rappel de M. Jollivet. L'infortuné souverain ne l'obtint pas, et ne reçut pas même de réponse. Le 30 octobre 1809, il écrivit de nouveau à l'Empereur une lettre très digne à laquelle Napoléon ne répondit pas davantage ; mais au mois de novembre 1809 il l'autorisa à se rendre à Paris pour s'entretenir avec lui de l'état dans lequel se trouvait son royaume. Avant de partir, Jérôme eut avec son ministre de la guerre, le général Eblé, un long entretien pour l'engager à rester en Westphalie. Le général, dégoûté de ne pouvoir faire le bien, voyant qu'il n'aboutirait pas à se rendre maître des fripons qui exploitaient son ministère, persista dans sa volonté de rentrer en France, en sorte que le roi fut obligé de le remplacer. Le général d'Albignac, comte de Reed, prit le portefeuille de la guerre.

Arrivé à Paris, Jérôme eut plusieurs entrevues avec Napoléon, qui finit par lui demander une note faisant connaître ce que l'on pourrait faire pour tirer ses États de la position précaire dans laquelle ils se trouvaient.

Le jeune roi la lui remit le 6 décembre 1809. De cette note il résultait que le royaume de Westphalie ne pouvait se soutenir si, avec le Hanovre, Fulde, Hanau et tous les petits princes enclavés dans son territoire, l'Empereur ne lui donnait pas un débouché quelconque pour son commerce, ne lui faisait pas la remise de la contribution arriérée, que les faibles revenus de l'État empêchaient d'acquitter, et ne lui laissait pas les domaines dont l'Empereur n'avait pas encore disposé et qui se montaient à quatre cent mille francs.

Ce fut alors que Napoléon donna le Hanovre à la Westphalie, mais avec des restrictions qui annulaient, et bien au delà, les avantages de la cession. En effet, on reconnut bientôt que le nouveau territoire coûterait dix millions de plus qu'il ne rapporterait. Néanmoins, et malgré les justes représentations de Jérôme, le traité fut signé, le 14 janvier 1810, par le comte de Fursteinstein et par le duc de Cadore. Le Camus reçut à cette occasion le grand cordon de la Légion d'honneur.

Une des choses qui indisposait l'empereur contre la Westphalie et contre son roi, c'est le nombre exagéré de hauts dignitaires dont ce dernier s'entourait. Ainsi, Jérôme avait créé, à son avènement au trône un grand maréchal du palais, Meyronnet, qu'il fit comte de Wellingerode ; deux préfets du palais, Boucheporn, dont la femme fut un instant en faveur, et de Reynecke ; trois maréchaux ou fourriers du palais, les colonels de Zeweinstein et Bongars, M. Barberoux-Wormb ; un grand chambellan, le comte de Waldenbourg-Truschess, mari de l'une de ses maîtresses ; quinze chambellans ; un grand maître des cérémonies, le comte de Bockoltz ; huit maîtres ou aides des cérémonies dont M. de Courbon, La Flèche, etc. ; vingt et quelques aides de camp ou officiers d'ordonnance dont : le colonel Salha, gouverneur des pages, puis général et ministre de la guerre, le colonel Gérard, le prince de Hesse-Philipstadt ; les généraux Morio, Rewbell, d'Albignac, Lefebvre-Desnouettes, ce dernier rappelé par l'Empereur, le colonel Danloup-Verdun, les généraux Ducoudras, comte de Bernterode et Usslar, un grand écuyer et six écuyers, un premier aumônier, plusieurs aumôniers et chapelains, trois secrétaires des commandements, un grand veneur, le comte de Hardenberg, beau-père de Le Camus, comte de Fursteinstein.

Ce luxe de dignitaires, personnages pour la plupart sans valeur, qui obéraient inutilement le budget de Jérôme, paraissait à Napoléon d'un ridicule achevé.

Ajoutons que la maison de la reine était montée sur un pied tout aussi dispendieux et non moins considérable. Une grande maîtresse, sept dames du palais, parmi lesquelles la fameuse baronne de Keudelsheim; Mme de Gilsa, dont le mari était directeur des haras; plusieurs chambellans, plusieurs écuyers d'honneur, dont le fameux marquis de Maubreuil; un secrétaire des commandements, etc.

Lors du retour à Cassel du roi et de la reine, en décembre 1809, Jérôme, qui aimait le faste et trouvait charmant de singer son frère, le grand Empereur, créa comtes MM. de Bülow, de Wolfradt, ministres d'État; de Lepel, son écuyer, qui l'avait accompagné à Paris; M. de Pappenheim, son premier chambellan; il donna le titre de baron à MM. de Leist, de Coninx, conseillers d'État, de Marinville, son secrétaire intime.

Le général comte de Bernterode, malade, fut remplacé par le général de Launay, gendre de

M. Siméon, et le colonel Meyronnet, nommé général, céda ses fonctions de grand maréchal au général Morio, revenu d'Espagne et bientôt après nommé grand écuyer, lorsque le général d'Albignac, comte de Reede, ministre de la guerre au lieu et place du général Eblé, donna sa démission de ses deux charges.

Jérôme, non content de s'entourer d'une cour dispendieuse et si peu en rapport avec son petit royaume et sa liste civile, créa trois capitaines généraux, dont M. Morio et de Bernterode. En outre, il prescrivit que partout où se trouveraient ses aides de camp ces officiers prendraient le pas et le commandement sur toutes les autorités civiles et militaires. Cette disposition ne fut pas du goût de Napoléon, qui, en intelligent mentor, prescrivit à la jeune et étourdie majesté de vouloir bien rapporter au plus vite cette disposition ; ce qui fut fait.

Heureusement pour Jérôme, il avait dans son frère un guide quelquefois brutal, mais sage et sachant s'opposer à des écarts dangereux ou ridicules.

Au mois d'avril 1810, Napoléon fit venir à Paris

Jérôme et sa femme, pour laquelle il avait la plus grande amitié, la plus haute estime, et les emmena tous les deux avec lui et la nouvelle impératrice Marie-Louise dans un voyage qu'il fit dans le nord de ses États.

Le voyage dura du 28 avril au 27 mai. Pendant l'absence du roi, la Westphalie jouit d'un grand calme et l'on espéra que le séjour de Jérôme auprès de son frère amènerait des avantages pour ce malheureux pays et surtout une amélioration pour ses finances ; il n'en fut rien.

A la fin d'avril 1810, on crut que le roi et la reine allaient revenir dans leurs États. Ainsi, le 28 avril, le jour même où Jérôme et sa femme partaient de Paris avec l'Empereur, le baron de Reinhard écrivait de Cassel au duc de Cadore la lettre suivante, que nous donnons parce qu'il y est question d'une façon assez singulière de Blanche de Carrèga, à qui le roi avait jugé convenable de faire quitter momentanément le service de Catherine, pendant le voyage avec son frère, craignant la désapprobation de l'Empereur s'il l'emmenait. Voici cette lettre du ministre de famille :

« Il paraît que c'est décidément entre le 2 et le 5 du mois prochain qu'on attend ici le retour de Leurs Majestés.

« M. le grand maréchal (1) n'a point encore jugé à propos de me faire une visite, et je ne l'ai point encore rencontré en société. M. le général Morio est attendu. On dit que le roi a désiré qu'il le précédât.

« Parmi les dames du palais, Mᵐᵉ la baronne de Keudelstein, femme de l'intendant général de la maison du roi, est la seule qui soit revenue. On la *dit atteinte et convaincue d'infidélités* (2), après avoir subi un long interrogatoire à Paris. Le mari paraît *disposé à venger l'injure faite au roi*, et l'on dit qu'elle sera obligée de partir pour Gênes.

« L'histoire de Mᵐᵉ la comtesse de Bernterode avait déjà prouvé que Sa Majesté ne pardonne guère les offenses de cette nature. Cependant le danger d'y être exposé augmente en raison du nombre des objets qui ont su captiver sa tendresse passagère,

---

(1) Meyronnet, comte de Wellingerode, revenu de captivité en Angleterre.
(2) Infidélités au roi.

et si l'on en croit la chronique, à l'exception de trois ou quatre dames, trop respectables par leur âge, il n'est presque aucune dame de la cour et du palais sur la fidélité de laquelle Sa Majesté n'ait acquis des droits.

« Ces paragraphes, Monseigneur, seraient sans doute mieux placés dans un bulletin, cependant ils offrent aussi un côté sérieux. La bagatelle distrait trop souvent par des bagatelles un esprit fait pour concevoir et pour exécuter de grandes choses : les forces physiques s'en ressentent, le public qui est toujours dans le secret s'en scandalise; l'exemple trouve des imitateurs dans une classe où l'imitation devient pernicieuse; et c'est peut-être aussi un malheur que, dans tout son intérieur, l'œil du roi ne puisse guère se reposer sur une personne qui mérite d'être estimée.

« Il est vrai que depuis le départ de Mme la comtesse de Truschsess les petites intrigues qui naissent de cet état de choses sont d'une nature si innocente qu'on peut hardiment prévoir que le repos de l'État n'en sera jamais compromis; mais cette sécurité même tient à une cause dont les inconvénients pourraient bien, à la longue, les emporter sur les avantages ; je veux parler de la nullité de la plupart des personnes qui entourent Leurs Majestés, et de la médiocrité de toutes.

« La facilité qui en résulte pour le jeune monarque d'être le premier en esprit, en talents, et peut-être même en connaissances, comme il l'est en amabilité et en pouvoir, se transporte ensuite sur les affaires ; et quelquefois même on finit par oublier l'échelle de proportion entre les grandes et les petites choses. »

Enfin, au commencement de juillet 1810, le retour du roi dans ses États fut annoncé officiellement. Le 9 de ce même mois, le baron de Reinhard écrivit à Champagny :

« MM. les comtes de Reed (général d'Albignac) et de Wolfradt, et M. de Coninx, directeur général de l'administration des domaines de la couronne, sont partis avant-hier pour se rendre au-devant du roi à Marbourg. L'intention de Sa Majesté est de passer par Homberg (1), où se trouve le chapitre des dames

(1) Entre Cassel et Hambourg.

dont Mme de S^tein était abbesse, et dont la sécularisation et la vente paraissent avoir été résolues.

« Un courrier arrivé ce matin annonce le retour de Leurs Majestés à Napolenshöhe décidément pour après-demain. »

La première de ces deux lettres de Reinhard est en quelque sorte un résumé de la chronique galante de la cour de Westphalie, sorte de sérail dont Jérôme était l'heureux sultan, ce qui ne convenait pas du tout à l'Empereur.

Après son voyage dans le Nord et pendant son séjour à Paris, Jérôme voulut une fois encore mettre sous les yeux de son redoutable frère le tableau du triste état de son royaume, et surtout de ses finances ; mais Napoléon, qui déjà songeait à lui enlever le Hanovre, soit pour en faire un gage de la paix avec l'Angleterre si une négociation secrète (celle de M. Labouchère) réussissait, soit pour annexer ces pays et les villes anséatiques à la France et compléter son système du blocus continental, Napoléon s'était rendu inabordable pour son frère. Ce dernier, avant de quitter Paris, lui écrivit, le 16 juin 1810.

« Sire, depuis plusieurs jours, je me rends à Saint-Cloud pour parler un instant à Votre Majesté de mes affaires, mais je ne sais comment il se fait que je ne puis jamais en trouver l'occasion. Je prie Votre Majesté de lire ma lettre et de m'accorder les deux objets que je lui demande depuis quatre mois : c'est la sortie des troupes françaises de la Westphalie, à l'exception d'une division de cinq mille hommes et le retour de mes troupes d'Espagne. Le second objet, Votre Majesté me l'avait accordé lors de mon premier voyage ; le premier, elle a bien voulu me le laisser espérer.

« Je conçois, Sire, combien mes lettres doivent être peu agréables à Votre Majesté ; mais je la prie de considérer que mon royaume, depuis la paix, se trouve plus malheureux que pendant la guerre et surchargé de troupes, pendant que les autres souverains s'en voient tous exemptés. »

Jérôme ne resta que peu de jours à Cassel et à Napoléonshöhe. Désireux de visiter le Hanovre, il partit le 31 juillet pour se rendre dans le pays nouvellement annexé à ses États.

La lettre ci-dessous de Reinhard à Champagny,

en date du 3 août 1810, donne sur ce voyage de curieux détails ; la voici :

« Leurs Majestés Westphaliennes, comme j'ai eu l'honneur d'en informer Votre Excellence, sont parties de Cassel mardi dernier, 31 juillet, à midi. Elles ont dû arriver avant-hier au château de Herrnhausen, et faire hier leur entrée solennelle dans la ville de Hanovre. Le plan de ce voyage n'était pas, au commencement, aussi étendu qu'il l'est devenu après que la reine eût manifesté son désir d'en être. La tournée à faire le long des bords de l'Elbe et du Weser en était l'objet principal. Le roi devait voyager à cheval, accompagné d'un petit nombre de ses principaux officiers. Aujourd'hui, pour transporter toute la cour et tout ce qui est à sa suite, il a fallu, dit-on, sept cents chevaux. Cependant, comme c'est l'époque de la moisson, le roi se propose de faire revenir sa cour par divisions qui se succéderont pendant quatre ou cinq jours.

« Quelques personnes doutent que le roi puisse être de retour pour le 15 août. M. le comte de Furstenstein, dans sa circulaire au corps diplomatique, dit positivement que le voyage ne durera que douze jours.

« M. Molerus (1) est parti hier pour Amsterdam, après avoir remis les papiers de sa légation à mon secrétariat, où j'en ai fait dresser inventaire. »

Dans le pays où le roi s'amusait, tout ou presque tout était sacrifié par Jérôme au plaisir, aux amourettes, à ce qui pouvait plaire aux dames de son entourage ou autres, alors en faveur auprès de lui.

Ainsi, de retour de son voyage au Hanovre, le roi vit à la cour une fort jolie jeune femme alsacienne, qui venait d'épouser un de ses préfets du palais. L'ayant trouvé très à son goût, le prince, homme séduisant et aimable, fort généreux, ayant plu à la dame et le mari ne s'opposant pas à la chose, l'affaire fut vite conclue par l'entremise d'un colonel. Cela valut au mari le titre de comte, au colonel les épaulettes de général, la place d'écuyer, la croix de commandeur de l'ordre de Westphalie, et à la dame, outre de splendides cadeaux, un joli bébé qui vint

---

(1) Molerus, ambassadeur de la Hollande à Cassel, quitta cette ville en apprenant l'abdication du roi Louis.

G.

au monde au bout de neuf mois et dont Jérôme fut tout naturellement le parrain.

Pour distraire sa nouvelle passionnette et amuser les dames, Jérôme imagina de donner l'ordre à son ministre de la guerre, le général d'Albignac, créé comte de Réed, de réunir dans un camp, à une petite lieue de Cassel, les régiments de sa garde et quelque troupes de la ligne. Chaque jour, lorsque le temps était beau, les voitures de la cour se rendaient au camp, et alors les troupes, sous le commandement du général Morio, exécutaient des manœuvres en présence de Jérôme, quelquefois même sous sa direction, devant les belles dames de la cour et de la ville; puis on servait une savoureuse collation, on dansait, on flirtait et l'on rentrait à Cassel, satisfait du plaisir que le jeune roi savait donner à son joyeux entourage.

L'Empereur Napoléon ne trouva pas l'établissement de ce camp une chose si plaisante; il en fut fort mécontent, déclara qu'au point de vue politique et financier, c'était une double absurdité à laquelle l'ambassadeur de famille auprès de Jérôme aurait dû s'opposer; il fit tancer M. Reinhard par son ministre des affaires étrangères et ordonna la levée du camp, qui ne dura qu'une quinzaine de jours (1).

Pendant le camp, deux faits se produisirent qui mirent une fois de plus en évidence le cœur généreux et la bonté de Jérôme, et dont l'un eut une certaine conséquence de politique intérieure.

Voici les deux faits :

Dans une de ces manœuvres, le roi, mécontent de ce qu'un vieil officier s'obstinait, malgré ses ordres, à faire exécuter le maniement des armes à ses hommes avec la méthode prussienne, court à lui et le gourmande devant sa troupe ; puis, voyant la douleur du pauvre homme, brave soldat dont il connaissait les bons services, il le prend à l'écart, lui explique les avantages de la méthode française sur la méthode allemande, et après un long entretien il le congédie en lui donnant de l'avancement.

Dans une autre manœuvre, le ministre général d'Albignac ayant reçu une observation du roi, lui répondit grossièrement ainsi que cela lui arrivait

(1) On trouvera à la Note B la curieuse correspondance échangée au sujet de ce camp entre le duc de Cadore et le baron Reinhard.

souvent en l'envoyant faire f... Jérôme feignit de ne pas avoir entendu, mais son entourage releva le propos. D'Albignac, pensant qu'il allait être destitué, donna par écrit sa démission de sa charge de ministre et de celle de grand écuyer. Sa lettre n'était pas aux mains de Jérôme qu'il le regrettait ; il était trop tard, la double démission fut acceptée.

Le baron de Reinhard rendit compte de ce petit événement par deux lettres au duc de Cadore, l'une en date du 24 septembre 1810, l'autre en date du 28 du même mois; les voici toutes les deux :

« Je dois informer Votre Excellence que M. le général d'Albignac a donné sa démission non seulement de la place de ministre de la guerre, mais encore de celle de grand-écuyer, et que le roi l'a acceptée.

« Cet événement inattendu, je l'apprends à l'instant de M. Siméon, à qui le roi vient d'écrire une lettre pour le charger par intérim du portefeuille de la guerre. C'est le résultat d'un moment d'humeur et de brusquerie dans lequel le général d'Albignac a offert sa démission au roi dans une lettre sur laquelle il ne s'attendait point qu'on le prendrait au mot.

« Votre Excellence voit que les changements qui surviennent dans ce pays-ci sont bien rarement de part ou d'autre l'effet d'un calcul, et qu'ils arrivent toujours sans qu'on puisse dire que ceux qui en sont les auteurs ou les victimes les aient prévus la veille. On était accoutumé à entendre dire au général d'Albignac, naturellement frondeur, que le ministère de la guerre lui pesait, que les choses allaient mal, qu'il allait se retirer, tandis qu'alors même le roi l'accablait de ses bontés, préparait des triomphes à son amour-propre et lui accordait une confiance entière. Il y a trois jours que, se trouvant chez moi, il me répéta que la place n'était pas tenable, que l'intrigue cherchait à lui mettre sur le dos les affaires les plus épineuses, que le roi ne travaillait point, que dernièrement, en pleine revue, il lui avait fait le reproche de ne point savoir son métier, pour avoir cassé un sous-officier qui avait donné un coup de poing au visage d'un canonnier, et qu'il allait donner sa démission. Je répondis à tout cela à peu près comme on répondrait à un amant qui se plaindrait de sa maitresse, et je n'y attachai pas plus d'importance.

« Il parait que la véritable querelle était entre lui et le général Morio, et que ce dernier l'a emporté. Le général Morio, en sa qualité de colonel général, est toujours auprès de la personne du roi; il plait également au roi et à la reine. Ce fut lui que le roi nomma pour commander les manœuvres du camp; il allait recueillir la gloire d'un arrangement dont le général d'Albignac avait eu toute la peine. Les explications furent peut-être un peu vives; le roi ne voulut pas être contrarié, et le général Morio l'emporta.

« En prenant le courage de dire quelquefois certaines vérités au roi, le général d'Albignac ne savait pas toujours prendre le ton convenable, et surtout il ne savait pas assez faire abnégation de soi-même. Pour être réellement indépendant, il fallait l'être de toute ambition personnelle, et en risquant de déplaire il fallait être bien sûr qu'on ne se méprendrait pas sur le sentiment qui l'avait porté à courir cette chance. La démission offerte par écrit était un coup de tête. Offerte dans l'espérance qu'elle ne serait pas acceptée, c'était un mauvais calcul, et il est difficile de donner dans cette circonstance entièrement tort à un jeune monarque qui, ayant le sentiment de sa dignité, en montre encore plus souvent la jalousie que la conscience. Enfin, le général d'Albignac m'a prouvé qu'il était bien moins d'accord avec lui-même que je ne l'avais pensé sur le but qu'il voulait atteindre. M. Siméon se proposait de prier le roi de le dispenser du portefeuille de la guerre, qui, lors de la démission donnée au général Morio, avait été remis au ministre des finances. Il m'a dit qu'il craignait qu'on ne se moquât de lui, surtout à Paris. En lui témoignant le regret que j'éprouvais de la retraite du comte de Réed, surtout à cause de la satisfaction qu'il nous avait donnée dans ses relations avec les autorités militaires françaises, je lui ai dit que je voyais avec plaisir que, même par intérim, le portefeuille resterait dans les mains d'un Français.

« Le roi a écrit à M. d'Albignac qu'il lui conservait son traitement de général de brigade, quelque résidence qu'il lui plairait de choisir. Il paraît que l'intention de cet officier est de se retirer en France et de partir vers le milieu du mois prochain, aussitôt que la commission qui doit être nommée pour recevoir les comptes de son administration aura terminé cette opération.

« En sortant de chez M. Siméon, j'ai rencontré dans la rue le général Morio, avec tous les traits de sa physionomie en travail, et presque renversés. Nous n'avons parlé que du camp et je lui ai fait compliment des manœuvres qu'il doit commander. Je ne croyais pas M. Morio aussi profond. Peut-être aussi ce qui s'est passé ne prouve-t-il pas qu'il le soit, puisqu'il ne s'agit que d'amour-propre et de vanité. Au moins on peut présumer qu'il ne sera pas ministre de la guerre, puisqu'il l'a été.

« La démission du général d'Albignac et son remplacement sont encore un secret pour le public. Hier, pendant toute la journée, le roi a paru sensiblement affecté. Le corps diplomatique n'a point été invité, comme c'était l'usage tous les dimanches, au spectacle de Napoleonshöhe.

« On croit M. de Malchus désigné pour être ministre de la guerre. Ce choix, je l'avoue, ne me paraîtrait pas convenable. Dans mon opinion, il n'y a qu'un Français, officier de mérite, qui puisse bien remplir ce poste difficile dans lequel M. d'Albignac avait laborieusement et fidèlement suivi les errements du général Eblé ; et s'il m'était permis d'énoncer mon opinion tout entière, j'ajouterais que le roi doit recevoir son ministre de la guerre des mains de Sa Majesté l'Empereur.

« Du reste, Monseigneur, il n'est nullement impossible que ma prochaine dépêche vous annonce que M. le général d'Albignac reste, et que tout ce que je viens de vous écrire doit être regardé comme non avenu. »

2° Lettre de Reinhard :

« Le numéro 115 du *Moniteur westphalien* annonce la démission du comte de Reed d'une manière qui la rend irrévocable. On dit néanmoins que le roi a du regret de cette séparation. Celui du démissionnaire est sans bornes : il fait des efforts inutiles pour cacher combien il est affecté. « Moi, a dit « le général Morio, je ne disais rien, je le laissais « faire, mais je voyais bien qu'il se perdrait. » M. le général Bruyères, arrivé de Hanovre avant-hier pour se rendre à Paris, vint descendre chez le général d'Albignac, dont il ignorait encore la catastrophe. Ce dernier lui fit sentir que peut-être les convenances exigeaient qu'il préférât le logement que lui avait offert chez lui l'intendant de la liste civile.

« M. le général Bruyères m'a exprimé ses vifs regrets de la retraite du général d'Albignac, qui, disait-il, s'était fait aimer et estimer de tous les généraux français. C'est dans le même sens que j'en ai parlé à M. le comte de Furstenstein, qui avait pris l'initiative pour m'en entretenir. Ce ministre m'a fait un très grand plaisir en me disant qu'il croyait que le roi se proposait de consulter Sa Majesté Impériale sur le choix qu'il allait faire d'un nouveau ministre de la guerre.

« Il y a une variante dans ce que m'ont dit M. de Furstenstein et M. d'Albignac. Celui-ci m'a dit qu'il avait offert à Sa Majesté de conserver le portefeuille jusqu'au 1ᵉʳ janvier. M. de Furstenstein m'a dit que c'était le roi qui avait offert de le lui laisser. Il paraît que M. d'Albignac, pour le garder, avait voulu proposer une condition concernant le colonel général Morio, laquelle a fortement déplu au roi. »

Ce fut aussi pendant la courte durée de ce camp que le prince royal de Wurtemberg, venu auprès de sa sœur, la reine Catherine, s'énamoura de la jolie Blanche de Keudelstein.

Voici comment la reine, prévenue de cette petite intrigue par Jérôme, la raconte dans son journal manuscrit. Nous la laissons parler.

« Il faut, d'un autre côté, que je remarque ici qu'un jour le roi parla à Mme Blanche en particulier de toute cette affaire; il la connaissait depuis neuf ans, l'ayant vue à Gênes, et ayant même été très amoureux, dans ce temps-là, d'elle; mais alors très jeune, aimant beaucoup son mari (1), elle avait su résister à tous les manèges, pièges de l'amour. Il aborda donc franchement la question et lui dit : « Ma chère Blanche, résistez, je vous prie, à cette passion du prince royal; à quoi vous mènerait-elle, d'ailleurs? C'est un jeune prince qui repartira sous peu; qui, si vous ne lui résistez pas, emportera la plus mauvaise opinion de notre cour, et qui dira qu'elle n'est composée que de c... et de p... et vous

(1) C'est du moins ce que Jérôme avait dit à sa femme.

sentez combien cette réputation, même pour vous, serait affreuse. » Mᵐᵉ Blanche répondit au roi : « Comment pouvez-vous avoir une idée pareille de moi ; si jamais j'ai pu manquer à mes devoirs, ce n'a été que l'abandon de mon mari, ses dédains, sa froideur, qui ont pu m'éloigner de lui ; mais, si jamais je fais pareille chose, je permets à Votre Majesté de me renvoyer de la cour comme une malheureuse. »

« Mᵐᵉ de Keudelstein avait eu une intrigue peu de temps avant l'arrivée de mon frère, mais que le roi avait tâché de tenir aussi secrète que possible, voulant sauver, si ce n'est sa réputation, du moins les dehors, et il lui dit qu'il n'en serait plus question, (surtout son mari n'ayant fait aucun bruit). C'est le jour d'après qu'elle eut cette conversation avec le roi, qu'elle pria S. A. R. le prince royal de ne plus venir chez elle, et que le prince, furieux, et par dépit amoureux, voulait faire cette belle esclandre, et partir subitement. Les choses sont restés là jusqu'au moment où il partit ; il avait feint de faire sa cour à Jénny, belle-sœur de Mᵐᵉ Blanche. Je n'ai jamais été sa dupe, et je le lui ai souvent dit. Le roi, voyant qu'il se prenait pour battu, la nomma de service auprès de moi. Elle coucha pendant huit jours au château, comme son service l'exige, et c'est dans ces huit jours que le prince avait remporté une victoire complète. Il partit peu de jours après, et parut désespéré de nous quitter. J'admire maintenant la bonhomie que j'ai eue de croire que tous ses regrets étaient pour moi. J'avoue que moi, plus franche, plus loyale, cette séparation m'avait beaucoup coûté, et l'on pourra facilement s'en convaincre en lisant ce journal. Il nous assura même, au roi et à moi, avec le plus grand sang-froid, et sans même exiger une parole de lui, que, pendant trois mois qu'il avait passés ici, il avait été d'une sagesse exemplaire, et qu'il n'avait pas vu de femme pendant tout ce temps. J'eus l'air incrédule, et je le lui dis avec ma franchise ordinaire. Il s'en fâcha tout de bon, et mon mari même me fit des reproches d'avoir dit à mon frère qu'il n'était qu'un *hypocrite*, et, sur ce sujet-là, je l'ai toujours cru, et cette nouvelle tristesse est bien faite pour me persuader le contraire. Peu de jours avant que le roi n'allât à Paris, on lui dit que le prince royal avait couché avec Mme Blanche au château, pendant qu'elle était de service. Il ne pouvait le croire, car mon frère lui avait juré, à plusieurs reprises, que jamais son inclination ne le porterait à oublier l'hospitalité que le roi lui avait donnée, avec tant de bonté, de grâce, et qu'il ne pourrait jamais lui venir dans l'idée d'avilir une femme qui approchait d'aussi près sa sœur; que le roi devait être bien persuadé qu'il avait un caractère trop franc, trop loyal, pour faire une pareille infamie. On l'assura cependant tellement de la vérité du fait, que le roi dit : Je ne le croirai que quand on m'en procurera la preuve.

« Le roi partit donc pour Paris; la police fit des recherches, et on lui envoya une lettre en original du prince royal à Mme Blanche. Le roi, arrivé à Ems, fit venir Mme Blanche (elle nous avait devancé de cinq à six jours) chez lui, et lui fit les reproches les plus sanglants. Elle se jeta aux pieds du roi et lui avoua tout, et promit de ne plus retomber dans les mêmes erreurs. Mon mari partit sur ces entrefaites pour Paris; huit jours après son départ, nous étions tous assemblés un soir dans le salon quand la porte s'ouvrit et qu'on annonça le prince royal. J'avoue que, dans le premier moment, le bonheur que je ressentis de revoir un frère que je chérissais autant me transporta; je pleurais, je criais, enfin j'étais comme une folle. Cependant, quelques jours après, je me dis à moi-même : Est-ce enfin bien pour moi que mon frère est venu me voir? Depuis, cette idée s'est présentée maintes et une fois à mon imagination, sans cependant vouloir m'alarmer. Pendant tout son séjour à Ems, l'intrigue alla son petit train, au point qu'ils couchaient toutes les nuits ensemble, et que plusieurs personnes en eurent l'éveil, mais eurent la délicatesse pour moi de ne m'en rien dire. Je dois dire aussi qu'ils observaient parfaitement les dehors, et que l'œil le plus observateur n'aurait pu rien deviner, si ce n'était qu'une pure et simple galanterie et une très petite préférence. Mon mari, apprenant que mon frère était arrivé à Ems, ne lui répondit pas sur sa lettre d'annonce, que je lui avais envoyée peu de temps avant l'arrivée du roi à Ems. Il m'écrivit de faire partir les personnes qui ne voyageraient pas immédiatement dans ma voiture. Je donnai cet ordre au grand écuyer, qui le transcrivit à Mmes Blanche et Emmy. Elles ne voulurent pas partir, et je crus bonnement que c'était parce qu'elles n'avaient pas pris les quantités de bains nécessaires pour la cure complète. Je dis donc à Mme Blanche que je prenais la chose sur moi, et que j'en parlerais au roi. A peine le roi fut-il arrivé qu'il fit venir le grand écuyer chez lui et lui fit des reproches très vifs de ce qu'il n'avait pas exécuté ses ordres, et de ce qu'il n'avait pas fait partir ces dames, lui ayant écrit à ce sujet une lettre en mains propres, que le page, M. de Wolff, lui avait remise vingt-quatre heures avant l'arrivée du roi.

« Le grand écuyer s'excusa en disant qu'il devait m'en parler, comme de raison, et que, moi ayant dit que je prenais tout sur moi, il n'avait pas insisté, ne sachant pas si cela convenait au roi. Mon mari parut plus froid avec mon frère et Mme Blanche. »

Nous avons déjà fait connaître les quadruples intrigues de Blanche Carréga à la cour de Westphalie. Nous dirons encore que le prince royal de Wurtemberg, plus amoureux que jamais, quoique au fait de ses aventures galantes, entra avec elle en relation épistolaire, lui écrivant sans cesse de Stuttgard les lettres les plus passionnées, lettres que la police de Cassel apportait à Jérôme, et qu'un beau jour l'amoureux Frédéric de Wurtemberg la fit venir dans les États de son père, où elle prit résidence, ainsi que nous le dirons plus loin.

Note B

Fontainebleau, 2 octobre 1810.

Le duc de Cadore à Reinhard.

« Sa Majesté l'Empereur et roi a été fort étonné d'apprendre que Sa Majesté le roi de Westphalie songeât à former un camp et n'en eût pas été détourné par deux raisons également puissantes : l'une d'économie, l'autre de prudence politique.

« Ce n'est pas avec un état de finances tel qu'est celui de la Westphalie, lorsqu'elle ne remplit point ses engagements, lorsque la solde des troupes françaises qu'elle doit entretenir est arriérée de quatre mois, que l'on peut se permettre des dépenses qui ne soient pas rigoureusement nécessaires. Celles qu'entraînerait la formation d'un camp seraient considérables et seraient encore superflues.

« La formation d'un camp, surtout s'il est formé par

un monarque frère de Sa Majesté impériale et royale est un événement politique. Il peut donner lieu à toutes sortes de conjectures, exciter des alarmes, amener des conséquences imprévues. Sous ce rapport, Sa Majesté le roi de Westphalie ne peut manquer de reconnaître qu'il ne doit point réunir ses troupes sans avoir consulté son auguste frère et avoir obtenu son aveu.

« Ces considérations se seront sans doute offertes à votre esprit. Vous auriez pu les présenter au ministère westphalien et au roi lui-même, du moins sous forme d'insinuation, sans encourir le reproche de dépasser les bornes de vos fonctions. Sa Majesté a regretté que vous ne l'ayez pas fait. Vous jugerez de ce qu'il est possible de faire maintenant pour que les intentions de Sa Majesté soient remplies. »

On voit que le métier de ministre de France à Cassel n'était pas des plus faciles, et qu'il fallait à M. de Reinhard un grand tact et beaucoup de sagacité pour louvoyer entre les écueils au milieu desquels il était jeté.

Le même jour, 2 octobre, le ministre des relations extérieures de France lui écrivit encore :

« Dès le mois d'avril dernier, je vous invitais à assurer par toutes les représentations et les instances qu'il était en votre pouvoir de faire au gouvernement westphalien le payement mensuel, exact et régulier de la solde des troupes françaises en Westphalie. Dans chacun des mois suivants, je vous ai renouvelé la même invitation, en vous chargeant de porter plainte des retards que ce payement éprouvait. Il y a vingt jours que, vous écrivant sur le même objet, je vous disais que, nonobstant l'assertion de M. de Bülow, que l'arriéré n'était pas de trois semaines, il était de trois mois. Mais, ni vos démarches ni vos instances n'ont pu jusqu'ici obtenir que le gouvernement westphalien remplisse celui de ses engagements qu'il aurait dû regarder comme le premier et le plus sacré de tous. Quatre mois de solde sont ou vont être dus aux troupes françaises qui, privées pendant un temps si long des ressources que les traités leur avaient assurées, se trouvent extrêmement malheureuses.

« Le compte qui en a été rendu à Sa Majesté a vivement ému sa sensibilité. Elle ne peut souffrir qu'un tel état de choses se prolonge. Elle sent qu'il est urgent d'y mettre un terme. En conséquence, elle me charge de vous adresser par courrier extraordinaire l'ordre de remettre une note pour demander que les quatre mois de solde dus à ses troupes en Westphalie soient payés sur-le-champ, et que l'on réponde catégoriquement s'ils seront payés oui ou non.

« A cette note, vous ajouterez verbalement les considérations propres à convaincre le gouvernement de la nécessité de remplir sans retard les obligations en lui ôtant l'espérance de pouvoir en reculer encore ou éluder l'accomplissement. »

A la réception de ces dépêches si pressantes du duc de Cadore, le baron de Reinhard s'empressa de répondre, le 8 octobre :

« Le courrier extraordinaire qui m'a apporté les dépêches de Votre Excellence du 2 octobre est arrivé avant-hier au soir.

« Je me suis sur-le-champ occupé de celle qui renferme les ordres de Sa Majesté impériale et royale concernant le payement arriéré de la solde et des masses des troupes françaises en Westphalie. J'ai rédigé la note ci-jointe que j'ai fait remettre à M. le comte de Furstenstein par mon secrétaire de légation.

« Dans la journée d'hier, j'ai vu ce ministre et celui des finances. Un conseil des ministres avait été déjà assemblé pour cet objet. Il doit s'assembler pour la seconde fois aujourd'hui. Les deux ministres m'ont fait l'énumération des sommes qui ont été payées. Ils m'ont dit qu'ils ne voyaient pas encore la possibilité de payer le reste sur-le-champ.

« Je leur ai dit que toute réponse autre que celle qui énoncerait les mesures prises pour acquitter sur-le-champ les sommes qui restent dues serait un non. »

Cassel, le 9 octobre 1810.

Reinhard au duc de Cadore.

« Votre Excellence me fait connaître que Sa Majesté impériale n'a point approuvé la formation d'un camp de troupes westphaliennes, et qu'elle regrette que je n'en aie point fait sentir l'inconvenance, soit sous le rapport des finances, soit sous le rapport de la politique.

« Je vais vous rendre compte, Monseigneur, de la conversation que j'ai eue à ce sujet hier avec M. le comte de Furstenstein, et que j'ai reprise ce matin. Peut-être Sa Majesté impériale y trouvera-t-elle en même temps quelques motifs pour excuser la réserve que je m'étais imposée dans cette circonstance.

« J'ai interrompu une lamentation qu'il faisait sur la pénurie des finances, pour lui dire que j'avais rendu compte de ce qu'il m'avait dit récemment à ce sujet par ordre exprès du roi, et que j'en avais du regret, puisque, quelque affligeant que fût le tableau des finances westphaliennes, il y aurait toujours cette réponse à faire, qu'avant tout il fallait constater si toutes les dépenses se faisaient avec économie, et si toutes étaient employées à une destination légitime et nécessaire? — Cette réponse, m'a dit M. de Furstenstein, vous ne pouvez pas encore l'avoir reçue. — Non, j'ai reçu des lettres qui renferment des observations tout à fait analogues, et qui concernent la formation du camp. — « Ah! je le sais, m'a dit M. de Furstenstein, on a dit à Paris que le camp coûtait un million, tandis qu'il est constaté qu'il ne coûte que soixante mille francs. » (En effet, Monseigneur, la preuve s'en trouve à peu près aussi dans le tableau du général d'Albignac.)

« J'ai parlé ensuite des considérations politiques qui auraient dû porter le roi à ne point faire des dispositions de cette nature sans s'assurer préalablement de l'agrément de l'Empereur, son auguste frère. M. de Furstenstein m'a répondu qu'il croyait être certain que le roi en avait prévenu Sa Majesté impériale dès son séjour à Hanovre.

« Je lui ai parlé ensuite du reproche que j'avais encouru moi-même de n'avoir pas fait sentir les inconvénients que pourrait avoir la formation d'un camp dans les circonstances actuelles.

« Vous savez, m'a dit M. de Furstenstein, que le roi est en correspondance presque journalière avec son auguste frère, surtout pour des objets militaires. Dans ces derniers temps, l'envoi des courriers a été très fréquent. Le roi écrit à Sa Majesté impériale comme il sent, comme il pense, c'est-à-dire avec une soumission entière. Il y a peu d'objets sur lesquels il ne le consulte pas; mais il peut arriver que Sa Majesté l'Empereur ne réponde pas toujours à tous les articles de ses lettres, et dans ce cas le roi peut prendre une réponse oubliée pour un consentement, et il peut se tromper. Vous-même, toutes les fois que vous voudrez me donner une indication, me faire une insinuation que vous aurez puisée dans la correspondance avec votre gouvernement, je les recevrai avec empressement. Sa Majesté et moi, nous vous en saurons un gré infini; mais, dans votre position, sachant que le roi correspond directement avec son auguste frère, je sens qu'il est des circonstances où vous devez craindre de ne point connaître ou de ne point deviner les vues de Sa Majesté impériale, et que cette crainte seule peut suffire pour vous engager à beaucoup de réserve.

« Quant à la correspondance de mon gouvernement avec moi, ai-je répondu à M. de Furstenstein, vous la connaissez à peu près tout entière. Quant à celle du roi avec Sa Majesté impériale, il doit y avoir beaucoup d'objets dont Sa Majesté voudra se réserver exclusivement d'entretenir son auguste frère; mais il peut y en avoir d'autres où le roi ne répugnera pas d'avoir un tiers pour confident, et de s'assurer par une voie moins directe, ou par une double voie, des intentions de Sa Majesté impériale. Comme je suis fermement persuadé que le roi ne demande pas mieux que de s'y conformer, je vous prie, Monsieur le comte, lorsqu'il s'agit d'une mesure importante du gouvernement, et surtout dans les choses qui intéressent les finances ou la politique, et dont peut-être par mes autres moyens d'information je ne serais pas prévenu assez à temps, de m'en dire un mot et de me mettre à portée de concourir au but que le roi se propose, et qui est d'être toujours sûr de l'approbation de Sa Majesté impériale. Permettez-moi aussi, dans les cas qui me paraîtront douteux, ou rendre cette approbation désirable, de vous demander : « L'Empereur en est-il pré-
« venu? l'Empereur l'a-t-il approuvé? »

« C'est ainsi que j'ai tâché, Monseigneur, de mettre à profit pour l'avenir le malheur que j'ai eu de ne point devancer l'opinion de Sa Majesté impériale. Je puis assurer Votre Excellence que le camp n'a jamais eu mon suffrage, mais que dans le commencement je ne l'ai envisagé que sous le rapport des finances, et que lorsque des considérations politiques assez frappantes m'ont semblé pouvoir s'y rattacher, il était trop tard pour l'empêcher? Aurais-je pu l'empêcher? En mon âme et conscience, je ne le crois pas; mais le reproche que j'ai subi me rendra plus fort dans d'autres circonstances.

« Du reste, si le public a pu prendre ombrage de la formation du camp westphalien, j'ai la conviction que M. de Jacowlew, s'il est de bonne foi, n'a pu se méprendre un moment sur les motifs qui l'ont amenée; et c'est dans un sens tout à fait convenable qu'il s'en est expliqué avec moi lorsque, me récriant sur cette dépense inutile, je lui en ai fait pressentir la fin prochaine.

« M. le comte de Furstenstein m'a donné l'assurance positive que le camp serait dissous dans deux jours, et que cinq ou six mille soldats recevraient des congés de semestre. »

Cassel, le 13 octobre 1810.

Reinhard au duc de Cadore.

« Le *Moniteur westphalien* s'était empressé d'annoncer que le camp serait dissous dans la journée du 12, et M. de Furstenstein m'avait assuré dès notre première conversation que, par plusieurs motifs, le roi en avait déjà pris la détermination. Avant-hier, toute la journée, qui était extrêmement belle, a été employée en manœuvres. Cependant les troupes n'ont point, comme les deux premières fois, passé la rivière à gué, mais sur un pont. Ce passage à gué était une invention du général Morio : il a dégradé beaucoup de galons et causé beaucoup de maladies. Dans les derniers temps, vingt-cinq hommes au moins entraient par jour à l'hôpital. Comme il n'y avait point d'hôpital militaire, et que dans le budget du ministère de l'intérieur les dépenses des hospices civils sont cumulées avec celles de l'instruction publique, ce sera le budget de celle-ci qui s'en ressentira. »

LIVRE V

Napoléon retire le Hanovre à la Westphalie (fin de 1811). — Conduite de Jérôme dans cette circonstance. — Un mot de Napoléon. — M. de Bülow. — Son retour à Cassel (avril 1811). — Sa disgrâce. — Causes de cette disgrâce. — Le chef de la police Bongars. — M. Provençal. — M. Malchus remplace Bülow. Sa conduite, ses moyens. — Les ministres de Jérôme. — Le comte de Hœne à la guerre. — M. Pichon appelé à Cassel. — Le cabinet topographique. — Continuation des petites intrigues galantes. — Blanche de Keudelstein. — La fille de Mme Alexandre. — Mme Escalonne. — Belle réponse de M. le directeur des finances de Malsbourg. — Emprunt forcé. — Davout et sa police. — Départ de Jérôme en mai 1812, pour la Pologne. — La maîtresse de camp de S. M. — Différent avec Davout. — Son retour dans ses États. — Mme de Löwenstein. — Mme Escalonne. — La Polonaise. — Un bulletin de Reinhard. — Petites intrigues à la cour de Cassel. — Mmes Blanche et Jenny La Flèche quittent la Westphalie. — Napoléon, mécontent des prodigalités de son frère, ne répond plus à ses lettres. — Il se fait donner par Reinhard des notes sur les principaux personnages de la Westphalie. — Celle relative au ministre des finances Malchus.

L'année 1810 s'acheva d'une façon pénible pour Jérôme, qui, à la fin de décembre, reçut la nouvelle de la reprise du Hanovre par Napoléon. Un simple décret impérial suffit pour enlever au roi de West-

phalie la partie la plus importante de ses États.
L'Empereur voulut alors faire signer à son frère un
traité; mais Jérôme refusa net, et pour éviter, dans
les tristes circonstances où il se trouvait, de recevoir
la visite et les félicitations des ministres étrangers
et des siens à l'occasion du jour de l'an, il se retira,
le 30 décembre, au château de Catherinenthal, avec
la reine, sa cour et quelques invités.

Napoléon, donnant et reprenant le Hanovre à la
Westphalie, marquait la place que cet État devait
occuper dans la considération des têtes couronnées
de l'Europe. On pouvait voir que son roi, comme
tous ceux qu'il avait placés sur des trônes avec son
épée, ne serait jamais qu'un vassal tributaire de
l'empire français, et que l'indépendance nationale,
ce premier bien des peuples, n'était aux yeux du
conquérant qu'une chimère.

Jérôme le comprit. Il avait du jugement, de la
fierté; son amour-propre fut froissé, des nuages
s'élevèrent entre son frère et lui. Le roi de Westphalie montra plus de caractère que l'on n'était en
droit d'en attendre de sa jeunesse. En cette circonstance, il ne se soumit pas aveuglément. On assure

qu'après avoir pris connaissance d'une lettre pleine de dignité de Jérôme, Napoléon s'écria : « Oh ! oh ! si mon frère avait 300,000 hommes, je crois qu'il me ferait la guerre. »

L'Empereur semblait regarder la Westphalie comme un simple apanage de sa famille; les institutions, les actes de souveraineté de ce pays, comme des comédies politiques. Il en parlait parfois d'une manière peu convenable et en plaisantant.

Nous avons dit que M. de Bülow avait été envoyé à Paris afin de négocier un nouveau délai relatif au payement de la contribution de guerre. On apprit bientôt que ce ministre n'avait obtenu qu'un répit de deux ans pour l'entier acquittement de la somme réclamée, et que c'était en compensation de cette concession nouvelle que l'Empereur avait repris le Hanovre et les bouches de l'Elbe et du Weser, pour compléter son blocus continental.

Le 7 avril 1811, M. de Bülow revint à Cassel, se présenta chez le roi, qui l'accueillit à merveille. Il rentrait chez lui enchanté, ne doutant pas que sa faveur ne fût plus grande que jamais, lorsqu'un instant après il reçut la visite du chef de la police,

M. de Bongars, qui lui fit connaître d'une façon brutale qu'il n'était plus ministre, et que, d'après l'ordre du roi, il devait sortir de la ville dans les vingt-quatre heures pour se retirer dans sa terre située près de Brunswick, où il resterait sous la surveillance de la police. On avait ordre de ne pas le perdre de vue qu'il ne fût parti.

Faisant contre fortune bon cœur, M. de Bülow monta de suite en voiture et se rendit au lieu de son exil, escorté de quelques gendarmes. On arrêta deux de ses secrétaires que l'on mit au secret pendant quinze jours. On les interrogea comme des criminels, mais comme ils ne voulurent pas parler, on les relâcha.

On prétendit, par la suite, que cette brusque disgrâce de M. de Bülow avait pour cause l'insinuation faite par lui à Napoléon de réunir la Westphalie à la France, et l'indignation de l'Empereur, qui avait fait connaître à son frère la mauvaise foi de son négociateur. Comme il n'a été trouvé nulle trace de cela dans la volumineuse correspondance de Napoléon avec Jérôme, nous croyons plutôt que cette disgrâce a été motivée par le fait suivant :

Le chef de la police, Bongars, qui tenait pour le parti du comte de Furstenstein et détestait Bülow, avait soin de se faire remettre les lettres adressées de Cassel au ministre, pendant le séjour de ce dernier à Paris, et cela d'accord avec le directeur des postes, M. Pothuau, autre ennemi de Bülow. Un jour, ayant décacheté une lettre écrite par un M. Provençal, secrétaire général des finances, à son ministre, il vit que ce fonctionnaire l'engageait à revenir au plus vite, pour remettre toutes choses, disait-il, à leur place. Lui rendant compte de ce qui se passait à la cour, il décochait quelques lourdes plaisanteries sur les Français et sur le roi lui-même. M. Bongars n'eut rien de plus pressé que de porter la missive à Jérôme. Ce dernier fit une scène à Provençal le dimanche suivant, l'ayant trouvé dans ses salons, et lui enleva sa place. Provençal se trouva mal et n'eut que deux heures pour quitter l'appartement qu'il occupait au ministère. On voulut le remplacer par un M. Bail, inspecteur aux revues, qu'on appela de Magdebourg, mais qui, un peu sauvage et de l'acabit des Eblé et des Allix, refusa et conserva sa position. Il fit bien. La roche tarpéienne, à Cassel, était bien près du Capitole, et le castel, prison de la ville, touchait au château royal.

Voilà, croyons-nous, ce qui détermina, plus que toute autre chose, la chute de Bülow. Placé sous la surveillance de la police, l'ex-ministre était gardé à vue, dans son château, par des gendarmes et des agents qui cernaient sa demeure. Un jour, il parvint à mettre en défaut ses limiers et à se rendre à Magdebourg. Il était de retour chez lui avant que Bongars ait connu son absence.

Cette conduite ridicule du gouvernement westphalien à l'égard d'un homme des moins dangereux, et qui ne méritait ni cet excès d'honneur ni cette indignité, lui ménagea une nouvelle carrière de faveurs à la cour de Prusse. Il devint, par la suite, ministre des finances dans ce royaume.

Quelques mots maintenant sur le directeur de la police de Cassel, M. Bongars, qui, se prenant pour un Fouché, se maintenait en faveur en inventant des conspirations et en étant au courant de toutes les petites intrigues de boudoir, dont il amusait Jérôme par ses rapports confidentiels et journaliers. Fort médiocre personnage, rien n'égalait son avidité, si ce n'est son ineptie, bavardant avec le premier venu comme une commère. Il avait un grand mérite : celui de rédiger mieux que qui que ce fût les bulletins scandaleux, dans lesquels il introduisait parfois, pour amuser le maître, des aventures de sa façon.

Il lui en arriva une à lui-même, à cette époque, dont il ne se vanta pas, qui ne trouva pas place dans ses fameux bulletins secrets, et qui rappelle celle contenue dans le deuxième volume des Mémoires de Bachaumont.

M. de Bülow, dont tout le secret, pour faire marcher les finances en Westphalie, avait été de faire succéder les emprunts aux emprunts et de boucher un trou en en creusant un plus profond, fut remplacé dans son ministère par un M. de Malchus, qui n'était pas non plus un aigle, tant s'en faut.

Ce Malchus, d'une famille pauvre des environs de Hildesheim, près Brunswick, dans le département de l'Ocker, élevé et instruit par les soins charitables du Chapitre, puis laquais chez le Prince-Évêque, devint un petit personnage lorsque, par suite de la sécularisation des principautés ecclésiastiques, ce pays tomba aux mains de la Prusse. Voici ce qui motiva son élévation subite : comme il devait tout au Prince-Évêque et au Chapitre, dont il avait mangé le pain, il n'eut rien de plus pressé que de témoigner sa reconnaissance à ses bienfaiteurs en donnant aux Prussiens des renseignements sur les capitaux et sur les biens qui pouvaient, par leur nature, être soustraits au séquestre. Cette petite félonie lui valut la place de conseiller de chambre (*landsrash*).

Lors de la création du royaume de Westphalie, notre homme, aussi reconnaissant envers la Prusse qu'il l'avait été envers le Prince-Évêque et le Chapitre, se dévoua au nouvel État, chantant une fois de plus la palinodie. Courtisan, vil flatteur, on fit son portrait en deux mots : *médiocre et rampant*.

Appelé à débrouiller le chaos dans lequel M. de Bülow laissait les finances, il commença par se donner des airs d'importance du dernier ridicule. S'efforçant de singer la légèreté spirituelle des Français, il fut d'un grotesque achevé. Lorsqu'on était admis à son audience, on trouvait Son Excellence nonchalamment étendue sur une ottomane, humant la fumée de tabac dans une grande pipe turque et jetant des morceaux de sucre à un chevreuil privé. Monseigneur répondait à peine, par un signe de tête ou un léger mouvement de la main, aux saluts et aux paroles de ses visiteurs. Inutile de dire qu'il était hors d'état de mener un ministère aussi difficile que celui des finances. Le seul homme, du reste, un peu capable alors en Westphalie était M. Siméon, auquel on avait ôté le ministère de l'intérieur, donné à M. de Wolfradt, ne lui laissant que celui de la justice, qu'il menait admirablement bien ; d'Albignac avait été remplacé à la guerre par le général de Salha, un des favoris de Jérôme, créé comte de Hœne et qui, ancien officier de marine, nullement au courant des choses militaires, s'était adjoint un certain Humbert, ex-jockey chez un de ses prédécesseurs. Cet Humbert s'était réveillé un beau matin colonel, fort bel homme, bien en cour, ayant de grands succès auprès des femmes, il était étranger aux choses de la guerre. En outre, il était nul et si lâche que, quand les Cosaques, en 1813, entrèrent à Cassel, il prit la fuite des premiers avec son argent, fit soixante lieues sans s'arrêter et ne se crut en sûreté qu'après avoir franchi le Rhin.

On comprend comment devait aller une armée ayant à sa tête des gens pareils et un ministre tellement paresseux que, pour s'éviter la fatigue de signer des pièces qu'il ne lisait pas, il avait fait confectionner une griffe que l'on y apposait dans ses bureaux. En outre, dans ce ministère, tous les chefs de division pillaient à qui mieux mieux.

Qu'on nous permette une anecdote des plus cocasses et que l'on serait tenté de croire un conte imaginé à plaisir, si elle n'avait été connue de tout Cassel à cette époque.

Au ministère de la guerre se trouvait alors un M. Buttlar, inspecteur aux revues, dont le général de Salha voulait la place pour un protégé. Mais, pour rendre cette place disponible, il fallait donner à ce Buttlar une position quelconque. Que l'on devine celle qui lui fut octroyée? On lui offrit de beaux appointements pour remplir l'importante mission d'engraisser la volaille dans les résidences royales. Il accepta ce haut emploi.

Comme si le budget de la Westphalie était en

caoutchouc, on le grevait chaque jour de charges nouvelles. Ainsi, Jérôme imagina d'attirer à Cassel M. Pichon, pour lequel il créa la place de directeur général du Trésor. Ce M. Pichon, consul à Baltimore lors du mariage de Jérôme avec Mlle Paterson, avait été rappelé à cette époque, par ordre du premier Consul, pour n'avoir pas su empêcher cette union. Il ne resta pas longtemps à Cassel, ayant été choqué de ce que le roi se fût permis de refuser les *petites entrées* à sa femme.

Nous avons fait remarquer à plusieurs reprises que Jérôme aimait à singer son frère et à imiter ce qui se faisait en France. Napoléon ayant un cabinet topographique, lui voulut également avoir le sien.

Au cabinet topographique de l'Empereur s'élaboraient la marche des armées, l'étude des positions militaires ; au cabinet topographique de Jérôme, les ingénieurs, ayant pour chef un imbécile nommé Gautier, aussi plein d'amour-propre, aussi vain qu'inepte, étaient occupés à tracer l'itinéraire à suivre pour une chasse ou pour une partie de plaisir à la campagne. Ce Gautier avait une manie : celle de faire croire qu'il était un grand connaisseur en peinture. Comme il parlait volontiers et assez facilement, il se fit prendre au sérieux par le roi, qui lui donna la mission de se rendre à Brunswick pour y choisir les meilleures toiles de la belle galerie de tableaux de cette ville et les envoyer à Cassel.

Aussi fort, en réalité, que le singe de la fable qui prenait le *Pirée* pour un homme, il fit choix des plus mauvais tableaux. Lorsqu'on les eut déballés, Jérôme fut les voir avec un très grand peintre nommé Kinson, qui venait d'achever son portrait. Un coup d'œil suffit à Kinson pour juger des connaissances de Gautier. — Sire, s'écria-t-il tout haut, quel est le *barbouilleur*, l'*âne bâté* qui a fait cet envoi ?

Cependant les petites intrigues galantes ne chômaient point à la cour de Jérôme. Les aventures de Blanche, les lettres passionnées que lui adressait le prince royal de Wurtemberg et que la police remettait fidèlement au roi, avaient fini par émousser la passion de ce dernier pour la jolie Génoise. Le mari, voyant que le crédit de sa chaste épouse baissait et que l'on refusait de payer ses dettes, se décida un beau jour à lever le pied, emportant les quelques centaines de mille francs de la caisse dont il avait la garde. Il fut remplacé par un nommé Moulard, qui avait eu l'esprit de procurer au roi quelques jolies pécheresses peu farouches. Cet homme s'attribuait une magnifique généalogie. A l'en croire, sa noblesse datait des croisades. On apprit, un beau jour, que son père, maître maçon à Marseille, l'avait mis à la porte de chez lui tant il était mauvais sujet et mauvais fils.

Encore une petite histoire galante de cette époque. Il y avait à Cassel une dame Colleau qui faisait tous les métiers : appareilleuse pour les grands seigneurs, prêteuse sur gage pour les joueurs ; marchande de modes, elle vendait des cachemires à crédit aux dames de la cour et s'entremettait dans mille intrigues. Elle était liée avec une femme Alexandre, directrice d'une de ces maisons que l'on distingue à Paris par un énorme numéro ; c'était la mieux achalandée et la plus brillante de Cassel assurément. Les bénéfices en étaient même assez rondelets pour lui permettre d'avoir maison de ville et petit castel aux champs.

Dans cette solitude, la femme au hideux trafic élevait et cachait à tous les yeux une adorable enfant de seize ans, sa fille, dont elle voulait tirer bon parti et faire grand négoce, croyant aussi assurer le bonheur de la pauvre petite en la destinant au métier de *Pompadourette*.

Les deux vieilles perverties organisèrent cent petits complots, travaillèrent l'esprit de la jeune fille, dont le capital physique était intact, mais, au moral, déjà bien perdue !

C'était une frêle et mignonne créature blonde et d'une blancheur si transparente qu'elle semblait éclairée en dedans; une fine statuette de Sèvres, dans laquelle une lumière eût été cachée; ses yeux bruns étaient pointillés d'or et laissaient deviner, dans leur fauve éclat, la perversité si délicatement décrite par Balzac dans sa *Fille aux yeux d'or*. L'enfant était vierge, mais chaste non.

Déjà elle se savait belle, on lui avait laissé lire force romans, les histoires de la Régence, celles de la cour de France au temps de Louis XV, et la petite rêvait ce titre qu'elle trouvait pompeux : être la maîtresse d'une tête couronnée. C'est avec un vif désir de plaire au roi qu'elle se prêta aux tentatives faites par son ignoble mère et la Colleau ; celles-ci s'arrangèrent de façon à faire trouver à plusieurs reprises la jeune fille sur le passage de Jérôme, et l'éclat merveilleux des yeux d'or arriva, droit comme une flèche, au cœur trop inflammable du jeune roi.

La mère alors fit des conditions passablement onéreuses et difficiles. D'abord une dot, un trousseau pour la jeune fille, un vrai mari et une place pour ce mari.

La plus grande difficulté était de trouver un époux qui consentit à conduire l'épouse de l'autel à la couche royale pour le droit de *prébation*. On en trouva un cependant. La Colleau, surnommée à Cassel madame *la Ressource*, déterra un Escalonne, petit employé dans les postes, dont le ministre de la guerre Salha, comte de Hœne, fit un directeur qu'il envoya à Mulhausen, mais seul, Mᵐᵉ Escalonne étant retenue à Cassel pour le service de Sa Majesté. Un indiscret laissa connaître l'aventure. Un chambellan, nommé Münchausen, s'avisa de la raconter et d'en jaser. Cela vint aux oreilles de Jérôme, et un soir que le chambellan rentrait chez lui il trouva un gendarme qui l'attendait avec une feuille de route pour le conduire au régiment en qualité d'engagé volontaire à Magdebourg. Cette espièglerie de la haute police eut un magnifique succès.

Une grande partie des fonds de la liste civile, et parfois de l'argent des caisses publiques, auxquelles les agents de Jérôme avaient souvent recours, passaient à des destinations de ce genre. Un jour, le trésorier de la couronne reçut une jolie réponse de M. de Malsbourg, directeur, remplaçant momentanément le ministre, et auquel il demandait des fonds dont il avait, disait-il, absolument besoin pour payer les artistes du théâtre : — Fort bien, lui répliqua l'honnête Malsbourg, mais je dois payer ceux qui pleurent avant ceux qui chantent.

On comprend que le gâchis, le gaspillage, qui régnaient dans le pays dont *le roi s'amusait* n'étaient pas faits pour sortir d'embarras le royaume; mais, comme il fallait qu'à tout prix le ministre des finances, s'il voulait conserver son portefeuille et la faveur du souverain, trouvât de l'argent, Malchus, se trainant sur les brisées de son prédécesseur, fit décider un emprunt forcé dont les rentrées eurent lieu par le sabre des gendarmes. Un cri d'indignation s'éleva de toutes parts contre lui, il laissa dire, se bornant à soigner ses propres affaires plus encore que celles de l'État. On apprit un beau matin que le ministre Malchus avait à beaux deniers comptants acheté un superbe domaine national près Heildesheim, domaine dont la propriété le faisait comte de Marienrode. Deux ans plus tard, la brutale intervention des Cosaques annula l'acquisition, *décomtisa* le fils du maçon et le remit Gros-Jean comme devant.

Ce fut à cette époque, fin de décembre 1811, qu'arriva à Cassel la tragique aventure de la mort du général grand écuyer Morio, le plus favori des favoris de Jérôme, qui fut assassiné dans les écuries du roi par un maréchal ferrant nommé Lesage, chassé par lui la veille.

On fit à Morio des obsèques magnifiques; la cour quitta un instant la ville ; Siméon prononça l'oraison funèbre, et deux jours après les plaisirs reprirent de plus belle à Cassel (1).

Trois hommes étaient désagréables à Jérôme, mais il était obligé de les subir : le comte Jollivet, commissaire de l'Empereur; le ministre de famille Reinard, dont nous avons fait connaitre la mission secrète, ce qui n'était pas un secret pour le roi, et le terrible maréchal Davout, prince d'Eckmühl, qui commandait à Hombourg et avait une police beaucoup mieux faite et plus au courant des choses que celle de la Westphalie.

De tous les généraux français, Davout était le plus dur et le plus redouté des Allemands, à qui il inspirait une véritable terreur. Très exactement informé de tout ce qui se passait dans le nord de l'Allemagne, c'était souvent de lui que la police de Bongars recevait les avis les plus utiles. Ainsi, vers le milieu de l'année 1811, il fit connaitre au roi Jérôme que des trames s'ourdissaient du côté de Brunswick et que, si on ne s'y prenait pas mieux qu'on ne le faisait, il viendrait lui-même faire la police en Westphalie. En attendant, il fit arrêter et

(1) Voyez Note C, lettre de Reinhard relative à Morio.

renfermer dans la citadelle de Magdebourg, dont il avait fait une bastille, des embaucheurs et des espions. Il fit même saisir, sur le territoire du royaume de Westphalie, un grand personnage d'origine saxonne qui recrutait un corps de coupe-jarrets pour assassiner Napoléon. Ce personnage disparut un beau jour et fut retrouvé en 1814 dans le donjon de Vincennes.

Au mois de mai 1812, pendant que se tenait à Dresde le congrès de souverains dont on espérait encore voir sortir la paix, congrès où Napoléon avait fait venir la reine Catherine, Jérôme partait pour la Pologne, où il devait prendre le commandement de soixante mille hommes formant l'aile droite de la grande armée, en s'acheminant par la Saxe et la Silésie.

Cette fois, il allait se trouver sous l'œil du maître; aussi ne menait-il plus avec lui, comme en 1809, cette foule de gens inutiles, de courtisans, de membres du corps diplomatique, de comédiens, d'actrices, dont la présence à l'armée avait si fort déplu à Napoléon ; mais, pour n'en pas perdre l'habitude, il se fit suivre de Mme Escalonne, qui le joignit à

Kalisch et à qui l'on donna le surnom plaisant de *Maîtresse de camp* de Sa Majesté, ce dont l'Empereur fut informé par un bulletin de Reinhard en date du 2 mai.

Jérôme avait aussi auprès de lui le général Hammerstein, Hanovrien qui avait remplacé Morio dans sa faveur, les généraux Allix, Damas, Zandt et Ochs. Ce dernier était chef d'état-major du corps westphalien placé sous les ordres de Vandamme. Cet Ochs (dont le nom signifie ours) était aussi lourd que l'animal de ce nom (1). Le choix que Jérôme avait fait de lui pour remplir de telles fonctions était fort mauvais. Ayant passé presque toute sa vie dans les grades subalternes d'une armée disciplinée avec le bâton, il ne comprenait qu'une chose : obéir strictement et à la lettre à un ordre donné, quel qu'il fût. Il était incapable d'aider un général à quoi

(1) Voici un trait qui peint ce général Ochs. — Allix, son collègue en Westphalie, démonté depuis Smolensk, avait fait à pied plus de cent lieues, lorsqu'il rencontra par hasard le chef d'état-major de l'armée westphalienne, qui, enveloppé dans des fourrures, se faisait traîner dans une petite voiture. Épuisé par une marche si longue et si pénible, Allix se croit sauvé. Ochs refuse de lui donner place près de lui et hâta sa fuite. Le malheureux Allix ne perdit pas courage cependant et atteignit à pied Wilna, après avoir franchi les ponts de la Bérézina.

que ce soit, et hors d'état de remplir un emploi si fort au-dessus de ses moyens; il n'avait pas d'ailleurs la moindre notion de l'art de la guerre. Créé général de division et capitaine général des Gardes, par un de ces caprices de la fortune si communs en Westphalie, il se croyait du talent, mais on pouvait lui appliquer avec raison le mot du maréchal de Saxe : *Un âne qui aurait fait vingt campagnes dans les armées de César ne serait jamais qu'un âne.*

Les généraux commandant les troupes westphaliennes n'étaient pas mauvais; les troupes, bonnes, disciplinées, bien équipées, montrèrent à la bataille de la Moskova une brillante valeur; le général en chef Vandamme était un des meilleurs, mais des plus pillards lieutenants de l'Empereur, et Jérôme dut bientôt demander à son frère de s'en séparer.

Pourquoi Napoléon, qui connaissait la légèreté du roi de Westphalie, son amour du plaisir qui lui faisait souvent tout sacrifier à ses passions, se laissa-t-il aller à lui confier un commandement aussi important que celui d'une armée de soixante mille hommes chargée de couper les corps russes de Bagration et de Barclay de Tolly, c'est-à-dire de la première et de la plus importante opération ? C'est ce que nous allons dire.

D'après nous, le grand capitaine, en déclarant la guerre à la Russie, avait la pensée de se porter d'abord en Pologne, comme il le fit, de rétablir ce royaume et d'en mettre la couronne sur la tête de Jérôme ; il voulait donc que son jeune frère, dont il appréciait les qualités tout en se rendant bien compte de ses défauts, se montrât aux Polonais sous un beau jour ; mais lorsqu'il crut reconnaitre que les habitants du pays, par leurs dissentiments, mettraient obstacle à ses projets, lorsqu'il eut renoncé au rétablissement du royaume, il chercha le moyen d'enlever à Jérôme son important commandement, trop lourd pour ses capacités militaires. Il connaissait assez son jeune frère pour être persuadé qu'en blessant son amour-propre il l'amènerait de lui-même à abandonner un commandement qu'il n'était pas en état d'exercer aussi bien que la plupart de ses maréchaux. Pour atteindre ce but, il le mit, par un ordre secret, sous le commandement du prince d'Eckmühl, dès que ses troupes et celles de Davout seraient en contact. Or, Napoléon n'ignorait pas la haine qu'avaient l'un pour l'autre ce maréchal et le jeune roi. Ce qu'il avait prévu se produisit.

Davout n'eut pas plutôt rallié la droite de la Grande Armée, qu'exhibant l'ordre du souverain, il en exigea l'exécution d'une façon brutale et prit le commandement sur Jérôme. Ce dernier, blessé dans son orgueil, quitta l'armée avec ses gardes du corps et sa maison, malgré les supplications de la reine, et revint au commencement d'août à Cassel. L'Empereur parut un instant désapprouver Davout, puis il blâma Jérôme et prétexta de sa conduite en cette circonstance pour ne plus lui confier de commandement.

La reine Catherine, femme d'une haute intelligence, qui avait eu avec son beau-frère, au congrès de Dresde, d'importantes conversations (1), comprenant que le retour de son mari le tuait dans l'esprit de l'Empereur, se montra fort triste malgré le bonheur qu'elle avait de retrouver son cher Jérôme. Le soir même du jour où le roi arriva à Cassel, il fut

(1) Publiées récemment dans la *Revue historique.*

au théâtre, où l'on jouait *le Déserteur*. Il faut avouer que le choix de la pièce était habile !...

Avant son départ pour la Pologne, Jérôme avait eu pour favorite en titre une des plus aimables femmes de sa cour, la comtesse de Löwenstein. Lorsqu'il revint à Cassel, après son différend avec le prince d'Eckmühl, cette dame de Löwenstein, distinguée par son esprit et sa conduite, rentra dans les bonnes grâces de Sa Majesté. Elle n'ignorait pas que la *Maîtresse de camp* avait été ramenée de Pologne par Jérôme ; mais comme elle ne pouvait s'illusionner au point d'espérer rendre constant le jeune et volage souverain, elle eut le bon esprit de prendre son mal en patience. La vertueuse reine Catherine passait au travers de ces petites intrigues sans même s'en douter. Son auguste époux ne l'en aimait pas moins et n'était pas moins empressé près d'elle. On ne tarda pas à apprendre encore que le roi attendait une jolie Polonaise qu'il avait connue à Varsovie, dont il avait fait préparer le logement en ville, et qu'un de ses officiers d'ordonnance, né en Pologne, avait été chercher pour la mener à Cassel.

Gargantua, pour les nécessités de l'estomac, était distancé par Jérôme Bonaparte, pour les nécessités des sens.

Voici, en ce qui concerne Mmes Escalonne et de Löwenstein, ce que l'on trouve encore dans un bulletin de Reinhard en date du 20 mai 1813 :

« La *Princesse* (*sic*) de Löwenstein, étant dans son huitième mois de grossesse, a cessé de paraître à la cour. Elle vint cependant dimanche en robe du matin et partit le lendemain après avoir déjeuné avec le roi. Cette dame, par beaucoup d'esprit de conduite, s'est fait une existence à part qui ressemble un peu à celle d'une favorite en titre. Aucune des dames invitées (*à Napoleonshöhe*) ne pouvait avoir des prétentions.

« On dit que le roi *se souvient encore quelquefois* de Mme Escalonne, qui avait été avec lui pendant sa dernière campagne de Pologne. »

Lorsque Reinhard écrivait ce bulletin, il était lui-même avec Jérôme à Napoleonshöhe, ainsi que quelques invités, hommes et femmes. La reine, sur le désir de son époux, avait quitté la Westphalie, alors menacée de toute part.

Malgré le discrédit du roi auprès de Napoléon, malgré la pénurie des finances, les plaisirs, les amourettes, les spectacles, les dépenses reprirent leur essor comme par le passé au *pays dont le roi s'amusait*.

C'était à qui, à la cour de Westphalie, se mêlerait des petites intrigues galantes. Auprès de la reine Catherine se trouvait une baronne d'Otterstadt, dame du palais, sœur du comte de Zeppelin, ministre des relations extérieures à Stuttgard. Confidente unique de la reine, on ne fut pas peu surpris, à Cassel, d'apprendre, à la fin d'août 1812, que cette dame allait quitter la ville. Voici le motif *apparent* de cette disgrâce :

Le mari de Mme d'Otterstadt, espèce d'aventurier, avait eu la défense de paraître à la cour, hors les jours des grandes audiences. Sa femme ayant demandé la levée de cet interdit et ayant menacé de donner sa démission, cette démission fut acceptée sur-le-champ. Voici maintenant le motif *vrai* de cette exécution.

Le baron d'Otterstadt s'était entremis pour la correspondance occulte entre Blanche de Keudelstein et le prince royal de Wurtemberg, ce dont le directeur de la police Bongars avait eu connaissance, un certain Delort, porteur des lettres, ayant été arrêté par le commissaire de police de Mayence, sur réquisition, et trouvé nanti des missives amoureuses du beau-frère de Jérôme, à qui tout avait été remis.

Les deux belles-sœurs de Le Camus, comte de Furstenstein, Blanche et Jenny La Flèche, femmes de l'intendant de la liste civile et de son frère le chambellan, partirent en septembre 1812, pour se rendre à Gênes en passant par Paris. Blanche, par suite d'un engagement pris avec le prince royal de Wurtemberg, plus amoureux que jamais de la jolie et volage baronne, vint habiter les bords du lac de Constance, où une villa était préparée pour la recevoir. Jérôme avait décidément rompu avec ces deux sœurs. Le crédit de Le Camus n'en fut pas diminué, car le roi voulut que la comtesse de Furstenstein, qui était fort bien, acceptât une place de dame de palais à la cour, ce que son mari et son père lui firent refuser, connaissant, par expérience, le danger de cette position pour une jeune femme.

9.

Toutes ces aventures galantes, racontées par Reinhard dans ses bulletins à Napoléon, n'étaient pas du goût de ce dernier. Il ne pouvait supporter que son jeune frère gaspillât tant d'argent en amourettes, en futilités, lorsqu'il eût pu consacrer cet argent à entretenir la guerre et à faire de nouveaux armements ; aussi opposait-il sans cesse une fin de non-recevoir aux demandes incessantes et souvent fort justes du gouvernement westphalien.

Les prodigalités du jeune roi allaient toujours croissant. Il empruntait à droite, à gauche, souscrivant les plus onéreux engagements pour se procurer des fonds. Reinhard écrivait au duc de Bassano : « La liste civile ayant réussi à faire un emprunt de quatre à cinq cent mille francs, on ne songe qu'à bâtir et à faire des folies. Ainsi est le roi ; dès qu'il a de l'argent comptant, cela s'écoule dans ses mains. »

Dans un autre bulletin, on lit :

« Le roi a donné à la fille du conseiller d'État Conninx, ancien intendant des domaines royaux, une dot de deux cent mille francs en obligations. Abstraction faite de tout ce qu'on peut dire pour ou contre les motifs qu'il a pour faire de tels dons, provenant d'une telle source, il est au moins certain qu'ils ont une influence funeste sur le crédit des papiers d'État, puisque ceux qui reçoivent les obligations n'ont rien de plus pressé que de s'en défaire. »

Jérôme, ayant appris, vers le milieu de décembre, que son frère devait passer à Dresde en revenant de Moscou, lui écrivit pour solliciter la faveur de se rendre auprès de lui dans cette ville. Napoléon ne lui fit pas l'honneur de lui répondre. Les relations entre les deux frères étaient donc presque rompues au commencement de 1813 ; alors Jérôme, comprenant le discrédit dans lequel il était tombé auprès de l'Empereur, et même aux yeux de ses peuples, par son retour de l'armée, crut pouvoir se réhabiliter dans l'esprit de Napoléon en sollicitant un commandement. Il écrivit en ce sens à Berthier, qui mit sa lettre sous les yeux de Sa Majesté et en reçut pour réponse : de faire savoir à Jérôme qu'il ne serait jamais admis dans les armées françaises tant qu'il n'aurait pas désavoué la conduite qu'il avait tenue en Russie en quittant l'armée et tant qu'il ne consentirait pas à être sous les ordres des maréchaux de son frère.

A cette époque, Napoléon, voulant être fixé sur les principaux personnages du royaume de Westphalie, prescrivit à son ministre des relations étrangères, le duc de Bassano, de demander au baron Reinhard des notes confidentielles détaillées sur les hommes en évidence à la cour de Westphalie et sur les fonctionnaires les plus en vue du royaume.

Les notes envoyées par M. Reinhard sont données avec la plus grande impartialité par ce ministre et adoucies plutôt qu'envenimées, plus favorables que défavorables à ceux qu'elles concernent.

On lit dans celle qui a rapport à M. Malchus, le ministre des finances successeur de Bülow :

« M. Malchus est un homme dont l'égoïsme dépasse toute idée. Pourvu qu'il réussisse en ses projets particuliers, il servira tout aussi bien le dey d'Alger que le roi d'Angleterre. Sa souplesse l'aidera à se pousser partout. Comme il ne doute point que la fin de son ministère ne soit proche, il a eu soin de se mettre en état d'attendre l'avenir sans inquiétude. Il s'est mis en possession du beau domaine de Marienrode, qu'il vient d'acheter au roi, lequel, pour preuve de sa satisfaction, lui a fait encore un cadeau de cent vingt mille francs. Le public est étonné que M. Malchus ait pu payer la somme énorme de presque un million de francs le domaine de Marienrode. Tout le monde sait qu'il n'a jamais eu de fortune. On dit qu'il a gagné par les manœuvres de papiers publics dont il réglait les chances. »

Et plus loin :

« Il lui est difficile d'avoir toujours à sa disposition les sommes dont le roi a besoin pour couvrir les frais énormes que le luxe de la cour et ses autres dépenses exigent. Mais il n'est pas moins vrai que les mesures de M. Malchus ne sont calculées que pour les besoins du moment, et qu'il est bien loin d'établir un système financier tel que la Westphalie l'exigerait. »

On comprend si les révélations de ce genre faites à l'Empereur étaient de nature à l'indisposer contre son frère.

Du reste, les affaires sérieuses du pays dont le

jeune roi *s'amusait* étaient conduites à la diable. Un Malchus aux finances, un comte de Hœne à la guerre, un Moulard à la liste civile, c'était plus qu'il n'en fallait pour faire tomber le gouvernement dans le ridicule et le mépris et pour indisposer Napoléon contre les hommes de ce pays, à commencer par son roi.

Note C

Le général Morio, dont j'ai annoncé l'assassinat à Votre Excellence par ma lettre partie hier par estafette pour Munster, est mort de sa blessure ce soir à six heures.

La destinée de cet homme, enlevé par un crime atroce à sa famille, à ses espérances, à l'amitié du roi, dans la vigueur de son âge et au milieu du sentiment qu'il avait du bonheur de sa position, a fait une impression profonde et douloureuse sur toutes les âmes. Il est mort avec courage, ne se faisant pas illusion pendant un seul instant, élevant les regards vers le ciel et déjà détaché du monde, lorsque les médecins le flattaient encore d'une espérance qu'ils n'avaient plus. Le général Morio avait des connaissances, du talent et du mérite. Il possédait un courage à l'épreuve, et son seul désir était de trouver une occasion pour se réhabiliter par une action d'éclat aux yeux de Sa Majesté Impériale. Son élévation rapide l'avait forcé de s'essayer dans plusieurs genres qui ne lui convenaient pas tous, et dans lesquels il n'a pas toujours réussi. Une légèreté souvent aimable, quelquefois répréhensible et provenant d'une conception facile et rapide, une certaine nonchalance alliée à beaucoup de finesse, une franchise qui était sur ses gardes, ont fait juger diversement de son caractère. Plusieurs ont pris pour un masque ce qui était sa physionomie véritable, pour une marche calculée ce qui n'était qu'une allure.

Notre situation réciproque ne semblait pas nous permettre de nous rapprocher par une liaison étroite ; je n'ai entretenu avec lui que des rapports de société qui ne sont jamais allés jusqu'à la confiance ; mais j'ai toujours résisté aux insinuations de ceux qui l'accusaient de desseins perfides et de combinaisons profondes d'intérêt personnel. Ce qui était arrivé très rarement avait eu lieu deux fois, précisément dans les derniers jours de la semaine passée. M. Morio eut avec moi deux entretiens dont je me proposais de faire l'objet d'une dépêche particulière, et dont il suffira aujourd'hui de rendre compte dans un seul paragraphe.

Il vint me voir le lendemain de ma dépêche n° 294 *non chiffrée*. Après m'avoir fait remarquer que le journal de l'Empire publiant la réponse faite par le roi à la députation de Cassel avait omis de faire mention du discours adressé à la reine, il m'assura qu'il s'était toujours opposé à ce que la reine acceptât les quatre cent mille francs que la ville lui avait offerts. Il me parla ensuite des découvertes faites par la police ; et comme cet objet ne lui est pas personnel, je le réserverai pour une autre dépêche. Deux jours après, il me demanda un second entretien pour me consulter sur un mot qui le concernait dans une lettre écrite au roi par Sa Majesté impériale, et qui avait rendu le roi incertain s'il devait suivre ou non son premier projet de donner la place de grand maréchal au prince de Hesse, place, me dit-il, que j'ai refusée parce que j'aime celle que j'occupe, et parce que le comte de Wellingerode me croit son ennemi, mais que j'accepterais par dévouement si, dans le mot qui me concerne, il m'était permis de voir le désir de Sa Majesté impériale que le roi m'y appelât. (Voici le mot, tel qu'il me l'a cité : la place de grand maréchal est vacante, que n'y nommez-vous Morio, qui est auprès de vous.) Le roi est profondément affligé. Le général Morio avait pour lui un dévouement personnel : il lui convenait. Il avait des vues constantes et l'intention du bien. Il laissera un vide, et on ne sait pas encore comment il sera rempli. On dirait que depuis quelque temps la providence se plaît à faire naître sous les yeux du roi des événements extraordinaires, comme pour accélérer sa maturité, qui, sous les auspices de Sa Majesté impériale, ne peut que le conduire à de hautes destinées.

LIVRE VI

Coup d'œil sur les derniers jours du royaume de Westphalie. — Jérôme aux eaux de Neudorff. — Mᵐᵉ de Bougars. — Le Conseil d'Etat. — Les troupes westphaliennes à la Grande Armée passent aux ordres du duc d'Abrantès. — Leur belle conduite à la Moskova. — Le général Damas. — Eblé. — Conduite indigne des juifs pour les échappés de la Grande Armée. — Tettenborn et les cosaques. — Réunion de quelques troupes sur les bords de l'Elbe. Incendie du château de Cassel. — Etat déplorable du royaume. — Défections. — Destitutions. — Napoléon à Dresde. — Hammerstein. — Mesures intempestives de sévérité. — Bataille de Dresde. — Belle conduite de l'artillerie westphalienne. — Evacuation du Brunswich. — Czernicheff devant Cassel (28 septembre 1813). — Allix défend la ville. — Capitulation. — Jérôme se retire à Coblentz. — Allix rentre à Cassel, où le roi revient. — Mesures maladroites prises par le gouvernement westphalien. — Second départ de Jérôme en apprenant le désastre de Leipzig. — Son séjour à Cologne. — L'Electeur revient à Cassel. — Sa proclamation. — Réflexions.

Avant de terminer ce volume, dans lequel les histoires galantes de Jérôme Bonaparte côtoient page à page l'histoire assez inconnue du royaume de Westphalie, nous voulons consacrer aux derniers jours de ce royaume quelques lignes qui pourront fournir à l'histoire du premier Empire une page intéressante.

De retour dans ses États, à la fin d'août 1812, le jeune roi s'en fut aux eaux de Neudorff avec ses favoris, les Furstenstein, les Bongars, les Hammerstein et, comme toujours, les plus jolies femmes de sa joyeuse cour. De ce nombre Mme de Bongars, qui, disait la chronique, pour calmer les chagrins de Jérôme, consentit à couvrir de myrtes le front royal qui n'avait pu l'être de lauriers.

Tandis qu'on jouait les destins du monde sur les champs de bataille de la Russie, en Westphalie on s'occupait de bals et de spectacles. Les actes du gouvernement furent plus que jamais empreints de cet esprit de vertige, *de la chute des empires funestes avant-coureurs.*

Le Conseil d'État semblait une pétaudière où l'on déraisonnait, quand on ne dormait pas. A côté de quelques hommes de mérite, tels que les Dohm, les Martens, les Phiseldeck, siégeaient des nullités de pire espèce, des Malchus, des Dupleix, des Coninx, des Wirtzleben, ignorants ou vils complaisants toujours prêts à applaudir aux sottises du maître et à chanter vingt fois par jour la palinodie.

Le ministère était déplorable, le Trésor à sec, l'armée n'existait plus.

Jérôme, malheureusement, était mal entouré. C'était chose fâcheuse, car ce prince n'était dépourvu ni de capacité ni de qualités morales. Trop jeune sans doute alors pour avoir l'expérience des hommes et des affaires, il possédait à un degré éminent ce qui constitue les bons souverains. Il avait du cœur, le caractère porté à l'indulgence, de la générosité, du courage.

Après son départ de Russie, les troupes françaises et alliées de la Grande Armée continuèrent à s'avancer au cœur du pays ennemi.

Le duc d'Abrantès (Junot) prit le commandement du corps d'armée de Jérôme et de ses troupes. Ce général, célèbre par sa bravoure plus que par ses talents militaires, ne connaissait pas l'esprit du soldat allemand; il manquait surtout de cette patience et de ce flegme si nécessaires avec lui. Il rudoya les uns, maltraita les autres, et se fit détester de tous.

Les troupes westphaliennes n'en firent pas moins

des merveilles à la Moskova. La cavalerie, placée en réserve dans cette bataille, acquit beaucoup de gloire en secourant plusieurs fois efficacement les corps engagés. Le général Grouchy, l'un des meilleurs officiers de cavalerie de l'Europe, n'en parlait qu'avec enthousiasme. Les Westphaliens perdirent à cette bataille beaucoup de bons officiers et l'élite des soldats. Le général Damas (1) et les colonels Herzberg et de Gilsa furent tués des premiers.

Les troupes du roi n'entrèrent point dans Moscou, quoique chaque corps de l'armée eût à son tour le triste privilège de piller les édifices incendiés; on ignore par quelle raison les soldats westphaliens ne furent point admis au partage du butin. C'était une injustice.

La retraite commença le 12 octobre. On sait qu'elle se fit en assez bon ordre jusqu'à Smolensk; mais depuis cette ville jusqu'à la Bérézina, et de la Bérézina jusqu'à Wilna, ce ne fut qu'une horrible confu-

---

(1) Le général Damas était sans fortune, Jérôme fit élever son fils à ses frais, et l'ayant retrouvé officier supérieur dans l'armée française à son retour, en 1849, il le prit auprès de sa personne comme premier aide de camp. Damas est mort général, il y a quelques années.

sion. Le monde apprit la fin de cette belle armée ; les déserts savent le reste. Une poignée d'Allemands, échappés à la mort, à travers mille souffrances, regagnèrent la Westphalie.

Eblé fut une des victimes de cette funeste déroute : il était parvenu, à force de travail et d'audace, à construire sur la Bérézina les trois ponts qui, par suite du désordre, furent tout à la fois le tombeau et le salut de l'armée. Ce général y prit une fluxion de poitrine dont il mourut.

En traversant Wilna, les malheureux échappés à tant de périls et de dangers en trouvaient d'un autre genre : ils étaient égorgés par les juifs. Ces misérables massacraient les militaires à qui ils offraient une perfide hospitalité, pour s'emparer du peu d'or qu'ils possédaient. Tant de nations diverses, mêlées et confondues, fuyant une population exaspérée que secondait la férocité des cosaques, offraient l'image de la confusion de Babel et le spectacle le plus affreux qu'il soit possible d'imaginer.

La lenteur avec laquelle les armées russes marchaient favorisa singulièrement la cause des Français en Allemagne à cette époque, en retenant partout les esprits dans une indécision apathique. On n'avait pas un soldat à opposer à l'armée russe depuis l'Oder jusqu'au Rhin ; si elle avait su précipiter sa marche, elle serait arrivée à Mayence, et peut-être à Paris, sans obstacle. Heureusement l'ennemi était harassé, et il croyait à peine à ses succès.

Quarante mille Français, seul reste de la plus belle et de la plus brave armée du monde, ne se rallièrent, à proprement parler, que derrière l'Elbe. Tous les corps étaient confondus et désarmés ; officiers et soldats manquaient du nécessaire, et rien n'avait été prévu pour les recevoir. Ils affluaient surtout dans la Westphalie, qui était la partie de l'Allemagne où il y avait le moins de ressources. D'ailleurs, les Allemands s'occupaient de préférence de leurs compatriotes, dont l'état n'était ni moins déplorable ni moins affreux que celui des Français.

Pendant que ces scènes se passaient dans l'intérieur de la Westphalie, les cosaques, guidés par les Prussiens, faisaient un *hourra* sur les Français jusque dans Berlin, où le maréchal Augereau faillit être fait prisonnier. Le roi de Prusse s'était enfui précipitamment à Breslau ; il déclarait décidément la guerre à la

France. Toute la Prusse était en armes pour se joindre aux Russes. Tettenborn s'empara de Hambourg ; il y fut reçu à bras ouverts : ce partisan russe avait pour lieutenant le même Dœrnberg qui servait dans la garde de Jérôme, et qui passa aux insurgés hessois en 1809.

Eugène, le prince d'Eckmühl, Sébastiani et Vandamme étaient cependant parvenus à réunir quelques faibles corps, avec lesquels ils essayèrent de faire bonne contenance sur les rives de l'Elbe. Heureusement ils ne furent point attaqués ; on eût dit que les ennemis de Napoléon et de la France étaient étonnés d'avoir fait reculer les aigles, et qu'ils ne pouvaient revenir de leur surprise. Il n'y avait point de cavalerie ; on enlevait les chevaux de tous côtés, et on mettait dessus des hommes qui ne savaient pas les conduire. Tout semblait annoncer que la Westphalie ne serait pas le théâtre de la nouvelle lutte à laquelle on se préparait de part et d'autre. L'ennemi portait alors ses principales forces en Saxe, où devaient se balancer encore les destins du monde.

Napoléon recréait une armée en France comme

par magie, et se mettait en mesure de reprendre l'offensive. De leur côté, les princes de la confédération réparaient leurs désastres comme ils pouvaient. Le nom de cet homme était un talisman qui valait des armées; à sa voix, elles sortaient de dessous terre : il avait tout perdu, et d'un signe il remuait encore l'Europe.

La Westphalie vendit ses derniers domaines pour réorganiser quelques régiments. Le roi Jérôme venait de perdre son vieux palais de Cassel par l'effet d'un incendie. Un riche mobilier y avait été la proie des flammes; lui-même n'avait échappé qu'avec peine. Les Allemands disaient que c'étaient les *poéliers-fumistes* qu'on avait fait venir de Paris qui étaient cause de cet accident. Le feu s'était manifesté d'abord dans les appartements du grand maréchal comte de Wellingerode, et s'était communiqué rapidement au reste de l'édifice, mais la cause était restée inconnue.

Ce favori n'était plus en crédit; il l'avait vu diminuer à mesure que celui d'Hammerstein augmentait. Cet événement lui valut une disgrâce complète; il retourna en France et mourut peu de temps après.

L'incendie pouvait fort bien être l'effet d'un simple accident ; mais il ne serait pas hors de vraisemblance que la malveillance en fut la cause, surtout quand on considère l'époque, le lieu de la scène et le temps où il se manifesta. La police de Bongars ne fut pas plus heureuse dans cette circonstance que dans beaucoup d'autres : elle ne sut rien découvrir.

Les troupes allemandes se recrutaient alors fort difficilement, parce que les conscrits ne voulaient plus marcher, et qu'ils étaient encouragés à la résistance par les partis ennemis qui couvraient le pays. Le colonel saxon Thielman s'étant fait partisan au service des Russes, inquiétait la Westphalie du côté du Hartz, et le général de Walmoden, posté sur le Bas-Elbe, envoyait ses coureurs jusqu'aux portes de Brunswick, de Lunebourg et de Hanovre. Jérôme ne pouvait pas compter sur ses troupes, et il n'y avait qu'une poignée de Français pour défendre le royaume.

Cet état de choses tenait le peuple dans une continuelle inquiétude et empêchait l'action du gouvernement. Les contribuables ne payaient pas ; les fonctionnaires se relâchaient ; les militaires se rebutaient ; les ministres s'endormaient ; le roi s'amusait ; la boutique allait à tous les diables. On laissait un officier seul pour commander dans une ville ; l'ennemi venait y fourrager, et l'on voulait que cette officier résistât. Le colonel Mauvillon, commandant de Heiligenstadt, et plusieurs autres furent destitués pour de pareils motifs ; mais rien de ce qui était absurde ne devait surprendre de la part d'un ministère tel que le roi l'avait choisi. Les favoris de Cassel avaient contracté une telle habitude de servilité, qu'ils n'osaient dire franchement la vérité à leur maître ; ils payaient le roi de ces phrases équivoques, circonscrites dans l'atmosphère des cours, et, s'enveloppant toujours dans une politesse mystérieuse, ils cachaient le serpent sous les fleurs.

On était parvenu à remonter une petite partie de la cavalerie ; le reste des troupes campées devant Cassel étaient exercées sans relâche. Des agents de l'ennemi travaillaient à embaucher ces soldats, parmi lesquels régnait déjà un assez mauvais esprit. On avait espéré, en les tenant ainsi près de la capitale et sous la tente, les préserver de la contagion ;

mais on ne put y réussir. Ces gens-là avaient des parents et des amis dans les bandes de partisans qui couraient à travers le pays ; ils communiquaient, ils correspondaient et finissaient par les aller rejoindre avec leurs armes. Un lieutenant du premier régiment de hussards déserta de Wolffenbuttel un beau matin avec quarante hommes montés et pilla les caisses à la manière de Schill. Ayant pris une mauvaise direction, les troupes françaises et la gendarmerie le poursuivirent ; son monde se dispersa, on le fit prisonnier dans un moulin près de Quidlinbourg. On trouva dans les papiers de cet officier le brevet d'un grade supérieur en Russie. Le gouvernement donna beaucoup d'appareil à son supplice ; on le transporta à Cassel, et on le promena autour du camp avant de le fusiller en présence des soldats allemands ; ce qui ne servit pas à grand chose. Le major Pentz, qui commandait le régiment de hussards, fut destitué injustement en cette circonstance ; c'était un brave militaire, plein de loyauté, qui ne méritait pas ce traitement. On en fit un ennemi de plus.

Telles étaient les dispositions de la nouvelle armée

de Westphalie, lorsque s'ouvrit la campagne de 1813.

La France ne se montra jamais plus grande qu'à cette époque : Napoléon reparut dans les plaines de Lutzen devant les ennemis, surpris de le revoir à la tête d'une armée.

Le général Lauriston était à Magdebourg avec un corps de vingt mille hommes ; le prince d'Eckmühl et Vandamme, en position à Brême sur la Weser ; le vice-roi (Eugène), sur la Saale. L'armée *prusso-russe* occupait Leipzig en force ; elle avait des corps à Hambourg, à Lunebourg et sur toute la rive droite de l'Elbe. Comme ce fleuve est aisé à traverser, elle jetait souvent des partis en Westphalie, ce qui incommodait beaucoup les détachements français et les convois. Plusieurs étaient surpris, enlevés à l'improviste. On distribuait des proclamations aux habitants, on les appelait aux armes. Les Prussiens, faisant la guerre en excitant à l'insurrection, propageaient cet esprit incendiaire qui marche à sa suite.

Pendant que Napoléon consumait deux mois précieux à Dresde en négociations inutiles, les Autrichiens marchaient de la Bohême en Saxe, et le prince de Suède entrait en ligne avec trente mille Suédois. La politique française était alors incompréhensible ; l'histoire présente peu de faits aussi bizarres que ceux des derniers mois de 1813 : à chaque instant la fortune mettait l'Europe en compromis, et semblait se complaire dans ce jeu cruel. L'homme qui avait jusque-là étonné l'univers par l'habileté de ses conceptions semblait n'avoir plus de plan tracé et marcher au hasard à travers les écueils qui l'environnaient.

L'armistice rompu, du 16 au 18 août, Napoléon, avec sa garde et le gros de l'armée, se porta en Silésie dans l'espoir de battre les Russes et les Prussiens avant l'arrivée des Autrichiens ; mais, tandis que ses forces étaient en marche, la jonction des corps ennemis se faisait sous les murs de Dresde, et trois cent mille hommes menaçaient cette ville.

A peine l'armée ennemie eut-elle débouché de la Bohême, que le colonel westphalien Hammerstein, surnommé *le balafré*, déserta avec les mille hommes de cavalerie qu'il commandait (1). Cette défection fut

(1) Ainsi que le colonel baron de Pentz et son régiment de hussards.

la première qui eut lieu parmi les troupes des princes de la confédération (1). Malgré le soin qu'on prit de la tenir secrète, la nouvelle en circula promptement ; elle produisit beaucoup de sensation dans l'armée, moins cependant par l'importance de ce petit corps que par l'influence que son exemple pouvait avoir sur les autres troupes allemandes.

La conduite du colonel Hammerstein paraissait d'autant plus inexplicable que cet officier, fort jeune, avait parcouru sous le nouveau régime une carrière brillante et rapide, et qu'il était, ainsi que son frère, le général, comblé des bienfaits du roi de Westphalie. Le général Hammerstein fut arrêté à Cassel peu de jours après cet événement, et conduit à Mayence comme ôtage. Ses papiers ayant été saisis et examinés, on trouva qu'il avait eu connaissance des projets de son frère ; il fut alors transféré comme prisonnier d'État au château de *Ham*, où il resta détenu jusqu'à l'entrée des alliés en France, en 1814.

Le roi de Westphalie crut, dans ces circonstances, pouvoir contenir l'esprit d'insurrection de ses

---

(1) Le 22 août 1813.

troupes par des actes de sévérité qui ne s'alliaient nullement avec sa situation précaire et avec sa bonté naturelle. On licencia les deux régiments de hussards auxquels appartenaient ceux qui avaient suivi Hammerstein ; leurs étendards furent brûlés, et un ordre du jour signala tout à la fois au mépris les coupables et les innocents. Ces mesures, bonnes quand on est puissant, peuvent accélérer la chute d'un souverain qui chancelle sur son trône. Il n'en fallait pas davantage pour allumer à l'instant le feu de la sédition. On était assez disposé à faire honneur de cette sublime conception au comte de Hœne... il est certain du moins qu'elles portaient le cachet de ses idées *libérales*. Le général Zandt fut chargé de l'exécution ; c'était une mission dangereuse, dont il se tira en homme de tête et de cœur ; il n'était pas cependant sans inquiétude, parce qu'il avait trop d'esprit pour ne pas sentir les terribles conséquences que pouvait avoir une démarche aussi intempestive.

Cependant Napoléon, revenu à marche forcée de la Silésie pour défendre Dresde, y arriva à l'instant même où commençait l'attaque de l'ennemi. On avait fortifié à la hâte les approches de cette ville avec des palanques et des redoutes palissadées, qui n'étaient même pas entièrement achevées ; les assaillants ne croyaient ces ouvrages défendus que par le faible corps du maréchal Gouvion-Saint-Cyr. Ils y marchaient avec confiance, le 27 août à midi, quand tout à coup parurent dans la plaine Napoléon, sa garde et l'armée. On combattit avec la plus grande valeur de part et d'autre pendant les journées des 27 et 28 août ; la pluie tombait par torrents, les soldats marchaient dans la boue jusqu'aux genoux ; mais enfin les Français l'emportèrent, et les alliés, battus sur tous les points, se retirèrent dans le plus grand désordre vers la Bohême. Vingt mille prisonniers, trente pièces de canon et des drapeaux furent les trophées de cette victoire.

L'artillerie westphalienne se distingua d'une manière brillante. Chargée de défendre une des palanques en avant du faubourg de Wilsdruff, elle repoussa plusieurs fois l'assaut des troupes autrichiennes. C'est le colonel de Pfhul qui les commandait. Ce même officier se trouvait auprès de Jérôme comme aide de camp à la bataille de Waterloo, en 1815. Les canonniers westphaliens montrèrent une rare intrépidité et beaucoup se firent tuer sur leurs pièces. De si grands intérêts absorbaient alors l'attention générale que ce beau fait d'armes ne fut pas remarqué.

Malheureusement la victoire de Dresde fut sans résultat décisif pour l'issue de la campagne, parce que ce succès partiel se trouvait combiné avec d'autres opérations qui manquèrent presque toutes. Napoléon, placé à Dresde, était comme l'axe autour duquel tout se mouvait dans un rayon de cinquante lieues. Ney, chargé de prendre Berlin, se laissa battre par les Suédois et les Prussiens ; Macdonald manqua de se noyer dans les inondations de la Bober en Silésie ; Vandamme se fit prendre dans les gorges de la Bohême. Tout le plan de l'Empereur fut renversé en quelques jours.

La Westphalie éprouva la première l'influence de ces fâcheux événements. Une partie du landsturm de la Preignitz ayant passé l'Elbe occupa les environs de Sechausen et d'Osterburg, organisant des insurrections dans toute la Vieille-Marche. Le comte de Walmoden fit passer l'Elbe à son corps aux environs de Dömitz, et enleva le général Pécheux, que le prince d'Ekmühl envoyait, avec six bataillons français, pour protéger la frontière westphalienne. Le cosaque Tetteborn poursuivit les fuyards jusqu'aux portes de Blekède, à dix lieues de Brunswick.

Le 24 septembre, un faible corps de coureurs ennemis s'étant approché de Brunswick, le général westphalien de Klösterlein évacua la ville précipitamment avec cinq à six cents hommes qu'il commandait, et prit ses quartiers dans Wolfenbuttel, à une lieue de là. Ayant appris vers midi que l'ennemi était près de lui, il voulut continuer sa marche rétrograde vers Osterode ; mais, à peine sorti de Wolfenbuttel avec sa colonne, le terrible *hourra* s'étant fait entendre, officiers et soldats jettent leurs armes, prennent la fuite et se dispersent comme la poussière. Il n'y eut pas une amorce de brûlée. Vingt-cinq gendarmes montés, se sauvant bride abattue, viennent augmenter encore le désordre et la confusion ; en un instant la colonne a disparu, abandonnant tous ses équipages. Et devant quelles forces cependant ces *six cents* soldats ont-ils pris la fuite ? Devant *dix hommes* à cheval de la landwehr prussienne, n'ayant que des lances et des pistolets. Telle était alors la démoralisation du soldat westphalien que la plupart des fuyards ne se ralliaient jamais, et changeaient de suite leurs uniformes contre des habits de paysans, afin de rentrer chez eux plus tranquillement.

Un officier supérieur qui s'était trouvé à cette échauffourée, ayant eu connaissance de la marche de Czernichew sur Cassel, en prévint le chef de la police le 27 septembre au soir ; mais celui-ci repoussa cet avis, traita de vision le rapport qu'on lui faisait, n'en tint aucun compte et dormit sur ses deux oreilles.

Le 28 septembre, à la pointe du jour, une vive fusillade qu'on entendit du côté de la porte de Leipzig réveilla la cour de Cassel et la fit sortir brusquement de sa profonde léthargie : c'était Czernichew avec ses cosaques. Ce partisan avait marché par Eisleben et Rosla, évitant un corps de cuirassiers westphaliens aux ordres du général Bastineller, régiment posté à Heiligenstadt. Se jetant de côté, il arriva de Sondershausen à Mulhausen, d'où il poussa droit sur Cassel. Chose incroyable, ni la gendarmerie, ni la police, ni les corps de troupes westphaliens placés sur la route n'eurent connaissance de ce mouvement ; et ce qui est plus incroyable encore, c'est que Jérôme aurait été pris dans son lit si l'ennemi ne se fût amusé à tirailler bêtement aux portes de la ville.

Czernichew avait à peu près deux mille hommes d'infanterie et trois mille chevaux ; sa marche était favorisée par un brouillard si épais qu'on ne se voyait pas à deux mètres. Il aurait pu se saisir d'un petit pont de bateaux qu'on avait construit sur la Fulde, au pied du château royal, et qui n'était point gardé ; il serait venu de là dans le parc de Cassel et se serait trouvé en possession de la capitale de la Westphalie sans brûler une amorce ; mais il est probable qu'il ignorait cette circonstance. Il est dit, dans le rapport que le roi Jérôme fit à l'Empereur sur la prise de Cassel, que le corps ennemi avait seize pièces de canon ; c'est une erreur, il n'en avait pas une seule ; mais il en trouva six avec les caissons, abandonnées à la garde d'une sentinelle, sur la bruyère, en avant de la porte de Leipzig, s'en empara et les tourna sur-le-champ contre la ville.

Le roi eut à peine le temps de s'habiller pour monter à cheval. On ne savait plus ce qu'on faisait, tout le monde courait çà et là, à l'aventure. Les généraux Allix et Chabert parvinrent cependant à rassembler les gardes à pied et un millier de cavaliers; Jérôme se mit à la tête de ses gardes du corps. Un régiment de hussards français, qu'il avait à son service, composé d'hommes qui ne savaient pas conduire leurs chevaux et qui n'étaient point équipés, arriva. C'était chose pitoyable à voir que la maladresse de ces pauvres gens, qui ne faisaient qu'augmenter le désordre. Les courtisans, les femmes, les grands seigneurs et tout ce qu'il y avait d'inutile encombraient la voie publique et prenaient la fuite en toute hâte ; on se battait à la poste pour avoir des chevaux ; les enrichis et les parvenus emportaient leur butin ; les plus poltrons se cachaient dans les caves, tandis que d'autres attendaient tranquillement la fin de l'événement pour prendre un parti.

Le peu de troupes employées à la défense du faubourg de Leipzig, forcé de se replier devant des forces supérieures, essaya de barricader le pont qui communique de la basse ville avec l'extérieur; pendant ce temps, l'ennemi, ayant forcé la première enceinte, vint braquer une pièce de canon vis-à-vis du pont et ouvrit la prison d'État du *Castel*, dont il fit sortir tous les prisonniers.

Le général Allix, sentant l'importance de ce pont pour protéger la retraite du roi, et ne pouvant d'ailleurs se servir comme cavaliers des hussards français, les mit à pied, leur donna des fusils et défendit ce poste avec la plus grande vigueur. L'ennemi, arrêté court, éprouva une assez grande perte par le feu de la mousqueterie. On ne conçoit pas pourquoi le général Czernichew, qui dans ce moment-là fit passer la Fulde à quatre cents chevaux, dans un endroit guéable du côté de la route de Francfort, n'envoya point un détachement pour couper la chaussée de Cassel à Marbourg, sur laquelle filaient les équipages, les voitures de la cour, les trésors et les fuyards de toute espèce, se pressant les uns sur les autres dans un espace de quelques lieues. Six cosaques auraient suffi pour ramasser tout ce butin. Les partisans manquèrent là un beau coup; on ne s'avise pas de tout. Il est dit, dans le vingtième bulletin des armées combinées du nord de l'Allemagne, rédigé au quartier général du prince royal de Suède, que Cassel *fut cerné de tous côtés :* cela est faux ; l'ennemi, maladroitement, n'intercepta que les routes de Francfort et de Leipzig. Deux ou trois portes de Cassel furent constamment libres, fort heureusement pour les fuyards, dont les chemins étaient encombrés ; ceux-ci auraient fini par ameuter les paysans contre eux, si ces derniers eussent compris leur supériorité.

Jérôme, à la tête de ses gardes du corps, des chevau-légers et de quelques autres troupes, se retira précipitamment sur Felsberg, craignant de se voir coupé à Waburg, tandis qu'Allix continuait de défendre la ville de Cassel.

Le roi espérait encore rallier les généraux Zandt et Bastineller. L'un, comme nous l'avons vu, commandait un corps de cuirassiers que Czernichew avait tourné en marchant sur Cassel; l'autre, en position à Gœttingue, observait la route de Brunswick avec un détachement de troupes légères; mais, aucun de ces généraux ne paraissant, et les secours demandés au maréchal Kellermann (duc de Valmy) n'arrivant point (1), il fallut songer sérieusement à la retraite. Jérôme, ayant rassemblé les débris de ses troupes à Wetzlar, se retira avec ses ministres et ses généraux à Coblentz.

Allix, resté dans Cassel, défendit le pont jusqu'au 30 septembre, qu'il se décida à évacuer la ville. A peine sorti des portes avec la poignée d'hommes qu'il commandait, le préfet Plantaz fit courir après lui pour l'informer que Czernichew, qui n'était pas instruit de sa retraite, offrait une capitulation. Allix rentre alors dans Cassel, se rend à l'hôtel de ville et signe une capitulation dans laquelle il avait l'air d'être le vainqueur ; elle portait en substance qu'il aurait la retraite libre, que les Français et les Westphaliens emporteraient leurs armes et leurs bagages, et que, pour leur sûreté, ils seraient escortés par les cosaques jusqu'à deux milles de Cassel. Quelques difficultés étant survenues pendant qu'on dressait les articles, Allix voulait faire prisonnier le parlementaire ennemi; mais le préfet, qui tremblait, pria, conjura, obtint des concessions de part et

(1) Ce maréchal se trouvait alors à Francfort avec un corps de troupes françaises.

d'autre, et le redoutable Allix prit enfin la route de Marbourg avec sa troupe.

Czernichew ayant fait une marche de nuit du 28 au 29 sur Melsungen pour aller à la rencontre des cuirassiers westphaliens du général Bastineller, les dispersa, prit deux canons et entra dans la ville de Cassel le 30 septembre au soir. Les habitants firent éclater, à sa venue, une joie qui tenait du délire. La populace voulait porter le général russe en triomphe ; quelques excès eurent lieu alors contre un petit nombre de Français restés dans la ville ; beaucoup d'officiers westphaliens prêtèrent serment à l'ennemi ; plus de deux mille soldats déserteurs se rangèrent sous ses drapeaux.

Pendant que ceci se passait à Cassel, Allix ralliait à Marbourg les hussards français et les troupes westphaliennes que le roi avait laissées à Wetzlar, en se rendant à Coblentz. La constance et la fidélité de cette poignée de soldats allemands est au-dessus de tout éloge et bien digne d'admiration. Ces braves, abandonnés par leur souverain, au milieu de leurs compatriotes insurgés, n'en restèrent pas moins attachés à sa cause. Leur loyauté mérite d'occuper une place honorable, que l'histoire impartiale ne leur refusera pas.

Le général Rigaud parut enfin à Marbourg à la tête d'une colonne de cinq à six mille hommes de troupes françaises. Il arrivait un peu tard, mais cela en imposait toujours. Réuni aux Westphaliens, il rentra dans Cassel, que Czernichew avait évacué quelques jours auparavant pour d'autres expéditions. Un si prompt changement de scène modéra singulièrement l'enthousiasme des habitants de Cassel. Ils comprirent qu'ils allaient, en repassant sous le joug de la France, devenir solidaires des excès commis et de la joie qu'ils avaient manifestée.

Jérôme revint de Coblentz à petites journées dans ses États; il s'était fait précéder par des proclamations qui n'étaient rien moins que rassurantes pour les coupables. Arrivé à Cassel, les premiers actes émanés de son gouvernement furent de nouvelles fautes et de nouvelles imprudences. Malgré la leçon qu'avait donnée Czernichew, c'était toujours la même ineptie dans le ministère et le même cynisme chez les courtisans.

On fit une espèce de loi des *suspects*, en vertu de

laquel.. la police entassa une foule de citoyens dans les prisons. Les mesures arbitraires pleuvaient ; la réaction s'organisa partout où le roi avait des baïonnettes, mais son autorité sombra partout où il n'y en avait pas. Le Castel était encombré de prisonniers d'État ; on parla de faire leur procès et de les livrer à des commissions militaires, quoique plusieurs ne fussent coupables que de fautes légères ou de simples propos. Une espèce de terreur s'établit dans Cassel ; le Savary de la Westphalie, Bongars, et ses agents ne parlaient de rien moins que de fusillade ; un morne silence régnait partout : c'était le calme perfide qui précède la tempête.

Au moment où tout cela agitait la Westphalie, de grands mouvements militaires préludaient en Saxe à l'affranchissement total de l'Allemagne.

Jérôme n'eut connaissance du désastre de Leipzig que le 25 octobre, à deux heures après midi. Rien ne transpira dans le public ; le roi de Westphalie quitta alors sa capitale pour la dernière fois, dans la nuit du 25 au 26, escorté par un petit détachement de gardes du corps choisis. Comme les Bavarois interceptaient déjà la route de Francfort, il prit celle de Wetzlar, gagna Elberfeld et passa le Rhin à Cologne.

Une seconde débâcle eut lieu dans Cassel. La bagarre, cependant, ne fut pas aussi chaude que la première fois, parce qu'on n'entendait pas les balles siffler, que plusieurs avaient eu la prudence de ne pas revenir et qu'on avait fait connaissance avec les cosaques; d'ailleurs, les troupes françaises du général Rigaud restèrent plusieurs jours dans la ville. Les mouvements de la population, le transport des meubles, des effets, des malles, des valises, s'opérant silencieusement, donnaient au désordre un caractère sinistre, un aspect lugubre. On eût dit une ville menacée d'une grande catastrophe et que les habitants se hâtent d'abandonner pour éviter la mort.

Jérôme n'emmena avec lui qu'un petit nombre de favoris : le comte de Hœne, les généraux Chabert, Danloup-Verdun, Malsbourg, le fils le comte de Bocholtz, grand maître des cérémonies, et Bongars, à qui les Westphaliens souhaitèrent un bon voyage. Allix resta dans Cassel avec le général Rigaud. Les ministres s'en allaient chacun de leur côté.

Malchus mit prudemment le Rhin entre lui et ses compatriotes, dont il était détesté. Siméon gagna Paris ; Wolfradt suivit le roi. Les Boucheporn, les Moulard, les Dupleix, les Humbert fuyaient dans diverses directions ; les uns se consolèrent du mépris public avec leur or, les autres ne conservèrent d'un beau rêve que leurs habits brodés, qu'ils vendirent aux juifs pour avoir du pain.

Quelques officiers allemands, poussant la loyauté jusqu'au scrupule, rejoignirent l'ex-roi de Westphalie à Cologne, à leurs frais, donnant ainsi l'exemple de ces sentiments nobles et délicats faits pour honorer l'homme, le militaire et le citoyen.

Jérôme resta quelque temps à Cologne, environné des fugitifs de son royaume, tous dans le plus piteux état. Le roi n'avait pas même d'argent pour ses propres dépenses ; on vendit de l'argenterie aux armes royales pour payer les frais courants de sa maison ; les émigrés westphaliens, ne recevant aucun secours, étaient tous dans la misère ; la plupart vendaient leurs effets et leurs chevaux pour vivre.

C'est à Cologne que fut licenciée cette poignée de

généreux gardes du corps (1) qui avaient accompagné le prince jusqu'au dernier moment. Malgré tout, le roi et ses familiers, ne sachant pas supporter l'ennui, imaginèrent alors de faire jouer la comédie à quelques histrions de Cassel qui avaient suivi Sa Majesté. Une actrice interrompit le préfet du département, le baron de Ladoucette, qui présidait un conseil de conscription, pour lui demander des costumes de théâtre, et ce magistrat fut obligé de suspendre de graves opérations pour s'occuper de cette affaire ridicule.

Les généraux Rigaud et Allix s'étant retirés de Cassel sur Dusseldorff, le prince électoral de Hesse, fils de l'électeur, rentra dans la capitale le 8 novembre 1813. Les habitants dételèrent les chevaux de sa voiture et le traînèrent jusqu'au palais, d'où il adressa une proclamation à ses anciens sujets ; la voici :

« Hessois ! je vous appelle de nouveau de votre
« nom. Vous l'aviez perdu, ainsi que le titre d'Alle-
« mands ; mais vous n'avez pas perdu votre fidélité
« et votre attachement pour votre prince. La joie

---

(1) Ils étaient une quarantaine.

« vive avec laquelle vous m'avez reçu, ce qui me
« rend éternellement mémorable le jour de mon
« entrée, m'en est garante. Du champ de bataille où
« les armes victorieuses des puissances alliées con-
« quirent votre délivrance du joug étranger, je me
« rendis en hâte auprès de vous ; je vous trouvai
« tels qu'étaient vos braves aïeux, qui ont toujours
« courageusement affronté les dangers de la guerre.
« Sous peu vous prendrez votre place dans les rangs
« des guerriers qui défendent l'honneur et l'indé-
« pendance de l'Allemagne. Présentez-vous auprès
« de ceux auxquels j'en donnerai la connaissance,
« pour que vous soyez préparés pour une si belle
« cause; lorsque mon père, votre souverain, qui est
« sur le point de revenir au milieu de vous, vous
« appellera, montrez-vous dignes de son affection,
« de votre nom, de votre délivrance, en observant
« maintenant la modération (1), la tranquillité et
« l'ordre, et plus tard, sous les armes, en développant
« le courage et la persévérance qui vous ont tou-
« jours distingués. »

(1) Le peuple avait voulu piller plusieurs marchands français établis à Cassel.

Ainsi finit le royaume de Westphalie. Si les fautes de ceux qui ont gouverné servaient d'instruction à leurs successeurs, ils trouveraient ici un ample sujet de méditation. Les Allemands de certaines classes avaient reçu les Français comme des libérateurs ; ils en étaient venus à faire le parallèle de leurs anciens et de leurs nouveaux maîtres ; or, ces derniers, rachetant les défauts des conquérants par l'élévation des idées et la facilité des mœurs, devaient être préférés à ceux qui n'offraient aucune de ces compensations. La domination française en Allemagne pouvait être affermie par des dispositions si favorables ; mais les imprudences d'une poignée d'hommes ineptes ruinèrent de toutes parts ce grand édifice élevé par la victoire, et les conquérants furent chassés. Grande et sublime leçon, qui ne corrigera sans doute personne de la soif du pouvoir ni des atteintes de l'ambition !

LIVRE VII

Deux bulletins de Reinhard. — Mᵐᵉ de Löwenstein. — Mᵐᵉ d'Osterwald. — Mᵐᵉˢ Blanche et Jenny La Flèche. — Le royaume de Westphalie s'écroule en novembre 1813. — Autres aventures galantes du roi Jérôme ; résumé de la vie singulière de ce prince. — Belles lettres de la reine Catherine à son père en 1814.

Revenons encore au roi qui s'amusait.

Le baron Reinhard, en exécution des ordres formels de l'Empereur Napoléon, se tenait au courant de tout ce qui avait lieu à la cour du roi de Westphalie et en faisait l'objet de bulletins secrets, ainsi que nous l'avons dit.

Voici deux de ces curieux bulletins, de la fin de 1812, écrits après le retour de Jérôme de l'armée, en août et septembre. Ils donnent l'idée la plus exacte de ce qui se passait à cette cour, en intrigues amoureuses fertile.

« C'est Mᵐᵉ la comtesse de Löwenstein qui, depuis le retour du roi, a joui des faveurs de Sa Majesté. Il y a eu, dit-on, une petite distraction en faveur de

Mlle Alexandre, mariée Escalonne, revenue du camp de Pologne. Mais Mme de Löwenstein a pris son mal en patience, et le roi lui est revenu. Cette dame se distingue par son esprit de conduite ; malgré cela, elle réussira difficilement à rendre le roi constant.

« On annonce l'arrivée d'une Polonaise dont le logement en ville est déjà préparé. Un officier polonais, qui s'était attaché au roi comme officier d'ordonnance et qui était venu avec M. Brugnières, étant reparti, on croit qu'il sera allé au-devant de sa compatriote.

« Mmes Blanche et Jenny La Flèche, femmes de l'ex-intendant de la liste civile et de son frère le chambellan, partent pour se rendre à Gênes, par Paris. Il est incertain si elles reviendront. A la cour, on prétend qu'à la suite d'un engagement pris avec le prince royal de Wurtemberg, Mme Blanche ira habiter les bords du lac de Constance. Cette famille est extrêmement déchue. Le conseiller d'État est un étourdi, le chambellan est un mauvais sujet. Cependant les dames ont toujours conservé une amie ardente en Mme la comtesse de Schomberg, femme du ministre de Saxe.

« On parlait, pendant quelques jours, d'une espèce de disgrâce où était tombé M. le comte de Furstenstein. Il n'en est rien, et il est certain qu'il occupera le magnifique hôtel qui sera délaissé par M. et Mme Pichon. Ce qui est vrai, c'est que le roi avait insisté de nouveau pour que Mme de Furstenstein demandât une place de dame du palais, et qu'elle et son mari s'y sont de nouveau refusés. »

Voici l'autre bulletin :

« Tandis que les changements résolus dans le ministère paraissent provisoirement ajournés, il en est arrivé un dans l'intérieur du palais, auquel on ne s'attendait pas. Mme la baronne d'Otterstadt, dame du palais, sœur du comte de Zeppelin, ministre des relations extérieures à Stuttgard, confidente unique de la reine, a donné et reçu sa démission. Elle va quitter Cassel dans trois ou quatre jours.

« Son mari, inspecteur général des forêts, espèce d'aventurier, le plus circonspect et le plus fin des hommes en théorie et le plus étourdi en pratique, avait reçu, il y a quelque temps, la défense de paraître à la cour, hors les jours des grandes audiences. Mme d'Otterstadt, qui, de son côté, avait reçu plusieurs dégoûts, demanda que cette défense fût levée et menaça, dit-on, de donner sa démission, que le roi s'empressa d'accepter.

« M. de Furstenstein dit que M. d'Otterstadt s'était mêlé de choses sales, c'est-à-dire qu'il s'était entremis dans une correspondance entre le prince royal de Wurtemberg et Mme Blanche La Flèche, baronne de Keudelstein. Un certain Delorme, porteur de la correspondance, fut arrêté par le commissaire de police de Mayence, sur la réquisition de M. de Bongars. Après la lecture des lettres, le roi fit expédier à Mme Blanche, qui est actuellement à Gênes, l'ordre de ne point revenir et de renvoyer son chiffre, marque distinctive des dames du palais. Il ne paraît point qu'elle ait de pension, et on craint que les secours qui servaient à élever les enfants à Paris ne soient supprimés.

« Le public, se souvenant d'anciennes médisances, attribue la disgrâce de Mme d'Otterstadt à des papiers trouvés dans le portefeuille du général comte de Lepel, mort à Mojaïs.

« La reine, dit-on, en annonçant cette démission à la grande maîtresse, fondait en larmes ; en public, elle s'est contenue ; Mme d'Otterstadt était son amie d'enfance, elle remplissait toutes ses heures solitaires ; et ce qu'on ne conçoit pas, c'est que Mme d'Otterstadt ait pu remplir un vide. C'est une femme sans éducation, sans esprit, sans amabilité, mais bonne et tellement réservée que c'est à elle qu'il faut attribuer l'ignorance presque absolue où la reine est restée sur *les inconstances du roi*. Si la reine éprouve jamais le besoin de remplacer cette confidente, elle n'en pourra choisir aucune qui convienne au roi autant que Mme d'Otterstadt sous ce rapport. Si ce qui est incroyable est vrai, que la reine soit jalouse jusqu'à l'emportement et que son calme ne soit que l'effet de sa sécurité, le départ de cette dame pourra amener des suites d'une grande influence sur le caractère de la reine et sur les relations de l'intérieur du palais.

« Mme d'Otterstadt tenait de la cour de Wurtemberg une pension de trois mille francs dont le roi s'était chargé et qu'il a doublée. Elle va se retirer provisoirement à Francfort. Le ministre de Wurtemberg est fort affecté de ce déplacement.

« Le jour de la disgrâce de Mme d'Otterstadt, Mme la

comtesse de Löwenstein, après quelques jours d'absence, a reparu à la cour avec une robe neuve et tellement élégante qu'elle a fait le désespoir des dames du palais. Mme de Löwenstein poursuit la marche honorable qu'elle s'est tracée pour parvenir à une faveur exclusive. Le premier but qu'elle aura à atteindre sera d'être nommée dame d'atour.

« On l'a vue dernièrement se promener à Napoleonshöhe entre le comte et la comtesse de Blumenthal, tandis que leur fille se promenait avec le général Wolff dans une entrevue d'épreuves. Mlle de Blumenthal, peu jolie, au reste, venait d'atteindre sa seizième année ; ses parents, dit-on, s'étaient empressés de faire hommage au roi de ses prémices ; le général Wolff devait l'épouser en conséquence. C'est un juif baptisé. La généalogie ne pouvait pas faire obstacle, plus de seize quartiers y étaient. Mais cet officier déclara qu'il ne croyait pas que Mlle de Blumenthal pût lui convenir. Son père, M. de Blumenthal, chambellan du roi, avait été maire de Magdebourg ; il paraît que c'est en cette qualité qu'il a obtenu la croix de la Légion d'honneur.

« Mme la comtesse de Pappenheim est revenue à la cour et est logée vis-à-vis le palais, dans le dernier appartement qu'a occupé le grand maréchal. Son mari est toujours à Paris, entre les mains du docteur Pinel. »

L'année 1813 vit sombrer la Westphalie; mais si la cour joyeuse du jeune roi devait disparaître avec ce royaume éphémère, à la suite des revers de la France, les aventures galantes de Jérôme n'étaient pas prêtes à finir, ainsi qu'on le verra plus loin.

Vers le commencement de mars 1813, la reine Catherine quitta Cassel pour se retirer en France auprès de Madame mère. Jérôme n'en continua pas moins pendant quelque temps, dans sa capitale et au château de Napoleonshöhe, sa vie de dissipation, d'amourette, de réception et d'étiquette. Ayant failli être enlevé par le partisan Czchernischeff, il quitta Cassel, qui fut défendu quelque temps par Allix; il y revint un instant, dut l'abandonner de nouveau en novembre, son frère ne lui envoyant aucun secours. Le 8 de ce même mois de novembre 1813, l'électeur de Hesse y fit une entrée solennelle. Ainsi s'écroula le royaume de Westphalie, comme nous l'avons dit en détail.

Napoléon fit dire à Jérôme de s'établir dans un château des départements du nord de la France, d'y faire venir la reine et d'y attendre les événements. Jérôme refusa de se conformer à cet ordre et se rendit à Nogent-sur-Seine près de Madame mère, au grand mécontentement de l'Empereur. Lorsque la France commença à être envahie en 1814, il sollicita une entrevue de son frère et demanda un commandement à l'armée. Napoléon refusa de le recevoir, défendit à l'impératrice Marie-Louise de les admettre en sa présence, lui et la reine Catherine, qu'il aimait cependant beaucoup, soit en public, soit en particulier, et le 21 février 1814 il écrivit à Joseph, laissé à Paris comme lieutenant général, pour lui faire connaître ses intentions sur l'ex-roi de Westphalie. Cette lettre importante, omise à la correspondance publiée sous le second Empire, écourtée aux *Mémoires du roi Joseph*, ayant trouvé place en entier dans l'ouvrage intitulé : *Supplément à la correspondance de Napoléon I*^{er} (1), nous nous bornerons

(1) Chez Dentu, éditeur, 1 vol. in-18, paru en 1887.

à dire que l'Empereur y déclare qu'il a l'intention d'envoyer Jérôme à Lyon remplacer le duc de Castiglione, à certaines conditions. Les événements se succédèrent avec une rapidité telle que le prince n'eut pas le temps de se rendre dans cette ville, ce qui fut peut-être fâcheux pour la cause impériale, puisque Augereau agit avec beaucoup de mollesse, tandis que son armée eût pu faire dans l'est une invasion fort utile à Napoléon.

Jérôme était à Paris lors du départ de Marie-Louise ; il la suivit à Blois et ne la quitta qu'au moment où cette princesse se fut remise, ainsi que le roi de Rome, à Orléans, le 19 avril 1814, aux mains des Autrichiens.

Le 10, la reine Catherine revint à Paris pour voir le prince royal de Wurtemberg, son frère, un des amants de Blanche, qui, à Cassel, avait été comblé par elle et par son mari. Le prince ne voulut pas la recevoir, et le vieux Frédéric son père (*roi de Wurtemberg par la grâce de Napoléon*) eut l'infamie de vouloir exiger de sa fille d'abandonner son époux malheureux, ce qu'il lui fit demander par le comte de Wintzingerode, son ambassadeur.

Catherine, indignée, refusa énergiquement, et écrivit à son père trois lettres pleines de dignité. Après avoir été volée à Froissard par Maubreuil, son ancien sujet, elle put rejoindre à Trieste son mari. Voici ces lettres.

A S. M. LE ROI DE WURTEMBERG

Paris, 15 avril 1814.

« Mon très cher père, le prince royal a dû vous dire que j'étais arrivée à Paris, il y a peu de jours, sous de bien malheureux auspices, mais dirigée par le désir d'être utile à mon mari et d'assurer son sort à venir. Il n'y a pas de sacrifices que je ne sois prête à faire pour son bonheur. Je suis venue ici dans l'intention d'obtenir pour lui une indemnité, un pays quelconque, et quelque petit qu'il puisse être, où nous puissions oublier, dans la retraite, et les grandeurs et les malheurs qui en sont ordinairement la suite.

« J'avais eu, ainsi que le roi, avant d'y venir, l'idée de me jeter dans vos bras paternels et d'attendre chez vous, près d'un père que j'ai toujours tendrement chéri, l'issue des événements actuels ; mais une lettre très dure que j'ai reçue du prince royal, auquel j'avais témoigné ce désir et qui me mandait qu'une pareille démarche pourrait vous compromettre, nous a décidés à chercher ailleurs un refuge, car le roi serait inconsolable de vous nuire dans la moindre des choses ; aussi nous avons renoncé irrévocablement à ce projet.

« Je ne vous dissimulerai cependant pas que cela me prive, ainsi que mon mari, de la consolation d'aller chercher près de vous un asile sûr et tranquille dont nous avons un si grand besoin dans notre malheureuse position. Ce voyage ici est affreux pour moi, obligée d'y entendre les propos les plus révoltants contre mon époux. Le prince royal est exaspéré contre lui ; mais ce qui m'a le plus affectée et le plus étonnée est la proposition que M. de Wintzingerode s'est permise de me faire, qui est celle de me séparer du roi ; il m'a assuré, mon très cher père, qu'elle ne vient pas de vous (1) ; aussi n'aurais-je jamais imaginé que votre cœur paternel

(1) La reine n'ignorait pas, au contraire, que la proposition venait de son père.

l'eût dictée et que vous ayez pu lui donner un ordre pareil ; veuillez jeter un coup d'œil en arrière : mariée au roi sans le connaître, victime à cette époque des grands intérêts politiques, je me suis attachée à lui ; je porte aujourd'hui son enfant dans mon sein ; il a fait mon bonheur pendant sept ans par des procédés aimables et doux ; mais eût-il été pour moi le plus mauvais des maris, m'eût-il rendue malheureuse, je ne l'abandonnerais pas dans le malheur ; et je ne mériterais ni votre estime ni la sienne si j'étais capable d'un pareil procédé. Jamais je ne séparerai mes intérêts des siens, ma résolution est inébranlable là-dessus ; elle m'est inspirée par le sentiment et par l'honneur ; je le suivrai là où le sort le conduira, n'importe où, et je vivrai avec lui des chétifs revenus que nous avons conservés, si je ne puis lui obtenir une indemnité décente et convenable (car pour de l'argent, une pension de la France, nous n'en accepterons jamais) : toute la famille n'a qu'une voix là-dessus et s'est refusée à toute espèce de proposition de ce genre.

« Je me suis, comme vous le pensez bien, adressée à l'Empereur Alexandre, qui m'a promis de s'intéresser à ma malheureuse position et qui me donne toutes les preuves d'affection qu'on peut attendre d'un bon et loyal parent. Si les choses dépendaient de lui, je serais bien sûre d'obtenir ce que je demande. Cependant, mon très cher père, je ne puis savoir ce qui va être prononcé sur mon compte ; j'irai rejoindre mon mari dans deux ou trois jours, le plus tôt possible, et j'abandonnerai le reste à la Providence. Elle aura peut-être pitié de moi.

« Que votre bénédiction, mon cher père, veuille m'accompagner en tous lieux. J'en ai besoin pour ma consolation. Nous autres pauvres femmes ne pouvons vivre ni nous occuper constamment de revers politiques : L'amour de mon mari, de ma famille, assurerait plus sûrement mon bonheur que toutes les chances de la fortune. Assurez-moi donc de votre tendresse, mon très cher père, et croyez à la mienne comme à mon très profond respect. »

A S. M. LE ROI DE WURTEMBERG.

Paris, le 17 avril 1814.

« Mon très cher père, je viens de recevoir la lettre du 12 avril que vous avez bien voulu m'écrire; elle m'est parvenue le lendemain du jour où M. de Wintzingerode m'avait fait les ouvertures dont vous l'aviez chargé. Mes précédentes lettres ont dû vous prouver quelles étaient mes irrévocables résolutions. Quelles qu'aient été toute ma vie, mon cher père, ma tendresse et ma soumission à la moindre de vos volontés, vous ne pouvez vous-même me blâmer si, dans une circonstance aussi importante, je me vois obligée de n'écouter que ce que le devoir et l'honneur me dictent. Unie à mon mari par des liens qu'à d'abord formés la politique, je ne veux pas rappeler ici le bonheur que je lui ai dû pendant sept ans; mais eût-il été pour moi le plus mauvais des époux, si vous ne consultez, mon père, que ce que les vrais principes d'honneur me dictent, vous serez le premier à me dire que je ne puis l'abandonner lorsqu'il devient malheureux, et surtout lorsqu'il n'est pas cause de son malheur.

« Ma première idée, mon premier mouvement, ont été d'aller me jeter dans vos bras, mais avec lui, avec le père de mon enfant. Je comptais trouver en vous toutes les consolations que me promettent dans vos lettres vos sentiments paternels ; mais seule, je ne puis songer à chercher un asile sûr ; où serait d'ailleurs ma tranquillité si je ne la partageais avec lui, auquel je dois aujourd'hui plus que jamais mes soins et mes consolations ?

« Mon cher père, je me jette à vos genoux et vous supplie de considérer ma position et les devoirs qu'elle me dicte ; ne consultez pas la politique, mais seulement les devoirs les plus sacrés de père et ceux d'une épouse et mère, et voyez si, en manquant à mes premiers devoirs, je serais capable ou digne de respecter les autres !

« Considérez toutes ces choses, et veuillez vous dire que les principes les plus sacrés peuvent seuls m'engager à refuser toute offre de grandeur et de fortune que je dois à vos bontés et qui m'empêcherait aujourd'hui de remplir mes devoirs de femme et de mère. J'ai dû vous faire connaître ici de Paris, où vous ne pouvez supposer l'influence de mon époux, cette irrévocable détermination.

« Au désespoir d'encourir par là peut-être votre disgrâce, je puise mon courage dans la conviction de me rendre encore plus digne de votre estime, persuadée qu'avec le temps vous me rendrez justice, que vous vous direz à vous-même que je n'ai pu agir autrement sans me manquer à moi-même, et que les devoirs de fille tendre et soumise que j'ai remplis toute ma vie doivent vous être un garant que je remplirai ceux d'épouse et de mère. Veuillez, mon cher père, accorder du moins votre bénédiction aux intentions pures qui me dirigent; veuillez penser que le rêve du bonheur est fini pour moi, et que je ne puis plus trouver de consolations et de dédommagement que dans l'affection et la tendresse des miens.

« Que Dieu, que j'implore, veille sur vos jours et les rende heureux ! Mais s'ils étaient un jour altérés par l'infortune, vous me verriez, mon cher père, à vos pieds tâcher de les adoucir et de vous porter d'aussi grands sacrifices que ceux que je fais maintenant pour mon époux. »

A S. M. LE ROI DE WURTEMBERG.

Berne, 1er mai 1814.

« Mon très cher père, M. de Linden m'a remis à mon passage à Neuchâtel votre lettre du 16 avril, et de plus il m'a transmis verbalement vos intentions. Je ne vous cacherai pas que c'est avec un chagrin bien sensible, mon cher père, que j'ai vu, dans une conversation d'une heure et demie que j'ai eue avec lui, que vous persistez dans votre désir de me séparer de mon mari, chose que je ne puis concevoir et qui ne peut pas plus entrer dans ma tête que dans mon cœur. Forcée par politique d'épouser le roi mon époux, le sort a voulu que je me trouvasse la femme la plus heureuse qui puisse exister; je porte à mon mari tous les sentiments réunis : amour, tendresse, estime. Comment le meilleur des pères voudrait-il détruire mon bonheur intérieur ! le seul qui me reste. J'ose vous le dire, mon cher père, vous et toute ma famille méconnaissez le roi mon époux ; un temps viendra, j'espère, où vous serez convaincu que vous l'avez méconnu, et je puis vous assurer que vous trouverez en lui comme en moi les enfants les plus respectueux et les plus tendres.

« L'événement affreux auquel j'ai été exposée n'a heureusement point influé sur ma santé (1) ; mais je ne vous cacherai pas que les secousses fréquentes que j'ai dû éprouver à plusieurs reprises à la proposition qui m'a été faite de me séparer de mon époux m'ont non seulement mise au désespoir, mais auraient aussi compromis l'existence de l'enfant que je porte dans mon sein. M. de Lindon en a été le témoin, et je ne doute pas qu'il vous en assure.

« J'ose me jeter à vos genoux, ô le meilleur des pères, et vous conjurer de vous désister de cette idée, car ma résolution et mes principes sont invariables à ce sujet, et je n'aspire qu'à la tranquillité et au repos ; et il me serait cruel de devoir encore entrer dans des contestations vis-à-vis d'un père que je chéris et que je respecte plus que ma vie. »

---

(1) Son arrestation à Frossard et le vol de ses diamants par Maubreuil.

Jérôme se trouvait à Trieste lorsqu'il apprit, en mars 1815, le retour de Napoléon en France. Aidé par sa femme, il parvint à tromper la surveillance des autorités autrichiennes, s'embarqua et arriva à Paris assez à temps pour assister au Champ de mai et pour prendre le commandement d'une division française à la tête de laquelle il se couvrit de gloire à Waterloo, où il fut blessé.

En exil pendant près de trente ans, tantôt dans un pays, tantôt dans un autre, Jérôme, abreuvé d'amertume, se consolait cependant encore, en se livrant plus que jamais à des intrigues galantes. Outre les trois enfants légitimes qu'il eut de la reine, il en eut beaucoup d'autres adultérins de différentes maîtresses. Chose singulière, tous étaient gens d'esprit, la plupart furent des orateurs d'un grand mérite, plusieurs des hommes remarquables. Il eut l'un d'eux de la femme d'un peintre célèbre. Ce fils a marqué sous le second Empire. Il en eut un autre d'une de ses nièces. Ce dernier, charmant jeune homme, a eu une fin tragique.

Nous ne suivrons pas Jérôme dans le reste de sa vie aventureuse, nous dirons seulement qu'il n'a peut-être jamais existé un homme ayant eu ur plus grand nombre d'aventures galantes et d'enfants. Il eut jusqu'à trois femmes légitimes, dont deux vivant en même temps, Mlle Paterson et la reine de Westphalie ; puis Mlle Paterson et la marquise veuve Bartholini, qu'il épousa à Florence après la mort de Catherine, et qui vécut longtemps près de lui, à Paris, sous la présidence du prince Louis et sous le règne de Napoléon III. Cette dernière ne lui a pas donné d'enfant, et, sans nul doute, la faute n'en fut pas à lui.

Pendant son second séjour en France, à l'âge de près de soixante-dix ans, Jérôme eut d'un de ses *couchers*, sa lingère, un fils, et d'une de ses maîtresses une très jolie petite fille dont il fut le parrain.

Nous ne croyons pas que, depuis que le monde est monde, un homme ait parcouru une carrière semée d'aventures et surtout d'aventures galantes aussi nombreuses, aussi singulières que la carrière du *roi qui s'amusait.*

Non seulement il fut témoin, et souvent acteur dans le grand drame de 1800 à 1815, mais son rôle ne s'est pas terminé avec le premier Empire, et nous le voyons reparaître, sous le règne de son neveu, Napoléon III, aussi empressé auprès des femmes que dans sa jeunesse.

Il est peu d'existences où les alternatives de bonne et de mauvaise fortune se soient si souvent et si brusquement succédé.

Nous avons fait connaître la vie amusante, légère, généreuse, courageuse et toujours digne qu'il tint pendant ses six années de règne en Westphalie; montrons-le avant son avènement au trône.

A neuf ans, le jeune Jérôme (né le 15 novembre 1784) est rejeté de la Corse, sa patrie, avec sa famille, sur la terre de France. Le plus jeune et le dernier des nombreux enfants de Charles Bonaparte, il est le Benjamin, non seulement de son père et de sa mère, tous deux remarquables à plus d'un titre, mais il est chéri de ses frères et sœurs, et de leur oncle, par la suite cardinal Fesch.

Le second Bonaparte (Napoléon) s'élève par son génie au premier rang; il prend souci de l'éducation de l'enfant, lui fait donner une instruction propre à le mettre en. état de devenir un homme utile.

Placé au collège de Juilly, Jérôme y fait ses études de 1793 à 1799, et ces six années, qui furent les plus régulières de son existence fantastique, s'écoulèrent dans les plaisirs et les petites contrariétés du lycée.

Sorti de Juilly après le 18 brumaire (3 novembre 1799), il vient terminer ses études sous les yeux de son frère Napoléon. Ce dernier, devenu le chef de l'État, sous le nom de Premier Consul, lui donne un entresol au palais des Tuileries, au-dessous de son propre appartement, dans le pavillon de Flore. Dès cette époque, l'enfant laisse percer, avec la fougue naturelle à la jeunesse, les qualités et les défauts d'un caractère que le temps et les diverses phases par lesquelles il passa ne modifièrent qu'en partie.

Un esprit juste, un jugement solide, une grande bravoure, une véritable noblesse, surtout dans l'adversité, de la bienfaisance, de l'esprit naturel, par-dessus tout la passion du plaisir, le culte de la femme, une vivacité tournant parfois à l'étourdéric, une légèreté paralysant souvent de belles qualités, l'amour de la représentation et du faste, tels sont les traits dominants du caractère de ce prince. Toujours porté vers le bien lorsqu'il suivait l'impulsion de son cœur, il en était quelquefois détourné quand sa nature impressionnable l'entraînait dans des écarts qui influaient principalement sur sa conduite privée.

A seize ans, Jérôme, logé, comme nous l'avons dit, à un entresol du pavillon de Flore, au-dessous de Napoléon, préludait déjà à sa vie galante, en découchant parfois à l'insu de son frère, sautant par sa fenêtre pour aller la nuit à de tendres rendez-vous. Déjà aussi il laissait entrevoir que l'argent ne pèserait pas dans ses mains et s'en échapperait facilement. Un jour, se promenant au Palais-Royal, il avise dans une des plus belles boutiques un magnifique nécessaire en vermeil qui lui convient. Il entre, et sans même s'enquérir du prix de l'objet, il dit au marchand de l'envoyer au pavillon de Flore. Le soir, l'aide de camp de service vient prévenir le Premier Consul qu'un marchand apporte un objet de quinze cents francs, qu'un jeune homme lui a prescrit de faire remettre au palais des Tuileries. Napoléon, étonné, fait entrer le porteur de l'objet, l'interroge, et ne tarde pas à reconnaître que le nécessaire a été commandé par son jeune frère Jérôme. Il descend chez lui, le prend par l'oreille en lui disant qu'il aurait bien pu choisir un nécessaire moins coûteux. — Oh! moi, reprend Jérôme, j'aime ce qui est beau.

Lorsque le Premier Consul revint de la campagne de Marengo, il fit appeler Jérôme, qui, ayant sollicité la faveur d'être mené en Italie et n'ayant pu l'obtenir de son frère, qui le trouvait trop jeune pour l'exposer aux hasards de la guerre, arriva en boudant.

— Voyons, lui dit en riant Napoléon, veux-tu faire la paix? Je te donnerai ce que tu me demanderas.

— Eh bien! répond Jérôme, donnez-moi ce sabre. C'était celui que le consul portait pendant cette glorieuse campagne. Napoléon le tendit à son frère, qui ne s'en est jamais départi. Cette arme est encore, croyons-nous, aux mains du prince Napoléon (Jérôme), son fils, qui l'a toujours conservée.

Vers cette époque, le futur empereur appréciant les aptitudes militaires que montrait déjà son jeune frère, le fit entrer dans la garde des consuls, aux chasseurs à cheval. Dans le même corps, se trouvait le frère cadet de Davout qui fut par la suite général et eut pour fils le général duc d'Auerstaedt actuel.

Jérôme et Davout eurent, à propos d'une femme, une altercation à la suite de laquelle ils convinrent de se battre en duel dans le bois de Vincennes, assis, à vingt-cinq pas l'un de l'autre, sans témoins, ayant à la main chacun un pistolet d'arçon et un paquet de vingt-cinq cartouches. Jérôme fut blessé d'une balle. Napoléon, furieux, fit sortir de la garde consulaire les deux écervelés.

Davout fut replacé dans un régiment de cavalerie de ligne, Jérôme fut admis dans la marine de guerre, comme aspirant.

Le Premier Consul commençait alors à donner une attention sérieuse à tout ce qui se rattachait à la marine. Il prévoyait la lutte avec l'Angleterre. Il voulait battre par ses armes l'éternelle et implacable ennemie de la France. Pour cela, il fallait relever le moral de notre marine, lui rendre la confiance qu'elle avait perdue par l'émigration. Or, rien ne lui parut plus propre à atteindre ce but, que de placer dans ses rangs son propre frère, dont le caractère audacieux se prêtait aux aventures de la carrière maritime.

Nous résumerons en quelques mots la vie nouvelle de Jérôme. Embarqué à bord du vaisseau amiral de Ganteaume (*l'Indivisible*), sur l'escadre destinée à porter des troupes de renfort à l'armée d'Égypte, il se trouva au combat livré le 24 juin 1801 au vaisseau anglais *le Swiftsure* et y déploya un tel courage que l'amiral, pour le récompenser, lui confia l'honorable mission d'amariner le bâtiment capturé et de recevoir l'épée du capitaine.

Accueilli avec joie par son frère, à Paris, à son retour de cette première campagne, Jérôme séjourna deux mois près de Napoléon, fut nommé aspirant de première classe et embarqué de nouveau pour l'expédition de Saint-Domingue sur le vaisseau *le Foudroyant*, avec son beau-frère le général Leclerc, mari de Pauline Bonaparte.

Passé sur *le Cisalpin* (capitaine Bergeret), il fut

envoyé en France pour porter au premier Consul des dépêches importantes. Il débarqua le 10 avril 1802 dans le port de Brest, avec un autre aspirant son compagnon d'armes et son ami, Halgan, par la suite amiral.

Désireux de remettre le plus promptement possible ses dépêches à Napoléon, Jérôme frète une chaise de poste et se dirige avec Halgan sur Nantes, par Quimper, Vannes, la Roche. A quelques lieux de ce dernier point, le postillon qui conduit la voiture descend de cheval, se couche sur le bord du fossé de la route, déclarant qu'il n'ira pas plus loin. Jérôme, furieux, sort de la chaise, et s'adressant au postillon : « — Veux-tu nous mener, tu auras un bon pourboire? — Non. — Une fois, deux fois? — Non, non. — Alors, je m'en charge. » Et le jeune aspirant, s'emparant du fouet, saute sur le porteur et détale au triple galop, tête nue, en uniforme et en bas de soie, laissant le postillon fort ébahi. Les deux jeunes officiers entrent triomphalement à Nantes, au plus grand amusement des habitants, se font donner d'autres chevaux, et Jérôme se remet en route, laissant Halgan dans la ville.

Pendant son séjour à Paris, le jeune frère du premier Consul obtient la nomination d'Halgan au commandement du brick *l'Épervier* et le rejoint à Nantes, où tous deux sont accueillis par les habitants et par les autorités, qui s'empressent de leur donner des fêtes. Dans cette belle ville, la chronique affirme que plus d'une jolie Nantaise ne fut pas insensible à l'amabilité, à la fougue amoureuse de Jérôme.

Le 18 septembre 1802, le brick appareille; le 28 octobre, il mouille dans la baie du Diamant, à la Martinique. L'amiral Villaret-Joyeuse, sur l'ordre de Napoléon, donne les épaulettes de lieutenant de vaisseau à Jérôme, lui confie le commandement de *l'Épervier*, avec ordre d'entreprendre un voyage d'exploration dans les colonies françaises.

Différentes circonstances amènent le jeune Jérôme, en juillet 1803, à Baltimore, dans le Maryland (États-Unis d'Amérique). Il s'éprend alors d'une belle personne, Mlle Paterson, fille d'un des riches négociants de cette ville, qui n'est pas insensible à la passion du jeune séducteur; si bien que, malgré tout ce que peut faire le consul français Pichon, pour empêcher Jérôme de contracter une union avec la fille du négociant, le mariage a lieu. Cette union ne fut pas reconnue valide par Napoléon devenu Empereur. Et en effet, la loi française avait été violée dans cette circonstance. Toutefois, la cour de Rome refusa de casser le mariage, ce qui n'empêcha pas plus tard Jérôme d'épouser la princesse Catherine de Wurtemberg. Les deux femmes légitimes vécurent donc en même temps, et Catherine eut toujours beaucoup d'affection pour le fils de son mari, Jérôme Paterson, né en 1805.

Rentré en grâce auprès de son frère, à la suite d'une mission à Alger et d'un beau fait d'armes maritime, celui du vaisseau *le Vétéran*, entré dans la baie de Concarneau à la barbe des Anglais, Jérôme quitta la marine pour devenir général de division de l'armée de terre et commandant d'un corps à la tête duquel il fit d'une façon brillante la campagne de Silésie et la conquête de toutes les places fortes de cette province. Nous avons vu qu'en 1807 le traité de Tilsitt conféra au jeune prince la couronne de Westphalie. Pendant son court séjour dans la ville bretonne de Concarneau, où il devait être reçu un demi-siècle plus tard, il eut une intrigue galante d'où naquit neuf mois plus tard un fils.

Depuis son enfance jusqu'à son avènement au trône, Jérôme semble avoir gravi un à un tous les degrés d'un escalier qui le mène au sommet des grandeurs humaines. Tour à tour simple particulier, exilé, écolier, officier, marin, capitaine de vaisseau, général commandant en chef un corps d'armée, puis enfin souverain d'un royaume en Europe, il a parcouru tous les échelons en quelques années. A partir de 1813, il commence à redescendre cet escalier brillant. Dépouillé de son royaume, repoussé brutalement par les parents de sa femme, pour lesquels il a été un fils et un frère affectueux, dépouillé, volé, il ressaisit en 1815 l'épée de général pour défendre sa patrie et la cause de sa famille, tient à Waterloo une conduite héroïque et, exilé de nouveau, atteint le dernier degré du malheur. La Révolution de 1848, la double chute des deux branches des Bourbons, l'avènement de son neveu au pouvoir, lui font gravir de nouveau l'escalier des grandeurs; remis général de division, gouverneur des Invalides, président du premier corps de l'État, nommé maréchal, il devient un instant prince impérial, héritier putatif de la couronne, et, après avoir vu sa famille et sa patrie bien-aimée au faîte de la puissance, il meurt assez à temps pour ne pas assister aux désastres de la France, au renversement et à la désunion de cette famille impériale retournée en exil.

Le roi qui s'amusait mourut à Paris à l'âge de près de quatre-vingts ans, dans la religion catholique. Si ce prince se fût éteint dans le sein de la religion du prophète, les houris du paradis de Mahomet auraient eu à se réjouir, car il est à croire qu'auprès de lui elles n'eussent pas chômé.

C'est bien de Jérôme que l'on peut dire : *Il lui sera beaucoup pardonné, car il a beaucoup aimé.*

APPENDICE

Les aventures galantes du roi Jérôme, les faits relatifs à l'histoire assez peu connue de la Westphalie sont l'objet d'une série de bulletins secrets adressés, par le ministre de famille baron Reinhard, à l'Empereur, ou au ministre des relations extérieures, bulletins dont nous avons déjà donné quelques extraits. Nous croyons qu'ils sont de nature à faire connaitre et apprécier, mieux que toute chose, la joyeuse cour du *Roi qui s'amusait*, et nous allons terminer ce volume par un nombre choisi de ces bulletins.

BULLETINS

5 février 1800.

« La semaine dernière a vu se renouveler, dans l'intérieur du palais, les tracasseries qui avaient déjà eu lieu avant l'arrivée de la légation française à

Cassel. Mme de Launay, fille de M. Siméon, ayant profité, au premier bal masqué, de la liberté du déguisement, avait fait quelques plaisanteries à M. de Pappenheim. Ces choses, fort innocentes d'elles-mêmes, furent le lendemain rapportées à la reine, non telles qu'elles avaient été dites, mais empoisonnées et commentées avec la charité qu'on a dans les cours, en sorte que le lendemain, il n'était bruit que des propos de Mme de Launay et du mécontentement de la reine contre elle.

« M. Siméon en fut aussi affligé que sa fille : il alla trouver le roi, à qui il se plaignit décemment de Mme *de Truchsess*, auteur de ces bruits. Le roi s'emporta contre elle ; il dit que c'était une *faiseuse d'histoires*, qu'elle mentait, que son père mentait, que son frère mentait, et qu'il n'y avait que le mari qui valût quelque chose dans la famille.

« Le soir, la grande maîtresse ayant paru devant le roi, en fut froidement accueillie : elle pleura, jeta les hauts cris, s'évanouit. En dernier résultat, elle a offert sa démission qui a été acceptée avec plaisir par le roi, mais (on croit) avec peine par la reine qui lui est fort attachée.

« Mᵐᵉ de Truchsess joint à de la beauté beaucoup de grâce et de séduction dans l'esprit. Elle était l'ornement d'une cour qui pourtant n'est pas dépourvue de beautés, mais son goût pour l'intrigue et pour les tracasseries gâte toutes ses heureuses qualités. Il paraît que le but secret de toutes ses manœuvres était de regagner le cœur du roi. On ne peut expliquer que de cette manière plusieurs parties de sa conduite qui, sans cela, paraîtraient hors de toute mesure. Il est vrai qu'on ne serait pas juste, non plus, si on la jugeait d'après ce qu'en disent ses ennemis.

« Son goût pour médire ne peut être ni aussi vif ni aussi actif qu'on le suppose : il y a certainement eu dans sa conduite beaucoup de choses étourdies qu'on a revêtues de fausses couleurs; comme elle maltraitait tout le monde, tout le monde la traitait avec rigueur, et souvent d'innocentes plaisanteries ont pu être données pour un secret désir de perdre ce qui l'entourait. Quoi qu'il en soit, comme elle passait presque toutes ses journées en tête-à-tête avec la reine, à qui elle avait persuadé qu'il n'était pas de sa dignité de vivre avec les autres dames, on disait que, pour charmer l'ennui de cette solitude, elle amusait la reine en lui racontant des histoires et des anecdotes qui n'avaient pas tout à fait pour objet de mettre les Français en grand crédit auprès de Sa Majesté.

« Elle annonce qu'elle accompagnera son mari qui part sous peu de jours pour l'Italie. Mais elle est si redoutée qu'on n'ose se livrer à la joie ; et, en effet, il se pourrait qu'elle se décidât, pour le plaisir de désoler ses ennemis, à ne pas désemparer.

« Avant-hier, 3 février, il y a eu bal masqué à la cour. La reine y a dansé dans un quadrille polonais composé de toutes personnes de l'intérieur. Comme le nombre de celles présentées à la cour est très borné, on était convenu d'admettre au bal beaucoup d'étrangers. L'ordre était de ne se point démasquer : le roi s'y est fort amusé ; il s'est travesti plusieurs fois. La reine a paru également prendre part au divertissement, où on a pu voir que le génie et la variété des travestissements étaient entièrement dirigés vers le but de plaire à Leurs Majestés. »

APPENDICE

16 février 1809.

« Mᵐᵉ la comtesse de Truchsess avait donné sa démission le 3 au soir. Le lendemain, en s'éveillant, elle la trouva acceptée sur sa table de nuit. On prétend qu'elle ne s'y attendait pas. Le dimanche après, 5 février, il y eut cercle et bal à la cour; on prétend qu'elle avait demandé à y être reçue dans son rang de grande maîtresse. Elle fut invitée; quant au rang, on lui déclara qu'elle aurait celui de femme de grand dignitaire : elle vint pourtant. En entrant dans la grande salle, à chaque pas qu'elle faisait en avant, on aurait dit qu'elle allait en faire un autre en arrière. Sa figure décomposée travaillait à prendre une contenance : elle aborda en hésitant les premières dames; elle se remit après quelques saluts qui lui furent rendus. Pour entrer dans la salle du bal où étaient le roi et la reine, les dames furent appelées par classes : les dames du palais; les dames des grands dignitaires; Mᵐᵉ de Truchsess allait entrer seule : elle hésita. Enfin, il s'en trouva une seconde; les dames des ministres d'État, les dames des ministres étrangers, les dames présentées, les demoiselles invitées. Il y en avait d'assez vieilles ; malgré cela, le bal était fort beau.

« M*me* de Truchsess joua son rôle admirablement pendant le reste de la soirée. Le surlendemain, son mari en donna une chez elle ; les billets portaient qu'il y aurait un violon. C'était pour ouvrir sa maison, dont l'ameublement venait d'être achevé. Du corps diplomatique on n'avait invité que le ministre de France avec sa femme, et celui de Bavière avec la sienne, parente de M*me* de Truchsess, et qui, la veille, avait porté un toast à : « *ce qui vient d'arriver.* » Il y eut un violon et point de bal ; des tables de jeu et point de jeu ; des groupes et point de conversation ; un souper pourtant, car on mangea beaucoup pour sortir d'embarras. A en croire M*me* de Truchsess, elle était enchantée de ce que cela s'était enfin arrangé : elle projetait le voyage d'Italie, de Naples surtout où elle trouverait ses parents (avec lesquels elle était encore brouillée la veille) ; celui de Paris sûrement, si la cour y était ; celui de Kœnigsberg, où son mari a des terres. *Elle craignait seulement qu'on ne le pressât trop de revenir.* En attendant, *on la pressait de partir,* et elle choisit pour son départ le jour où M. Siméon donna un bal masqué auquel le roi et la reine ont assisté.

Mme de Launay avait reçu du roi un cadeau de quelques schaals et d'une robe magnifique. Le jour du bal de son père, la reine lui fit un accueil extrêmement gracieux. Sous tous ses rapports, son triomphe fut complet. L'assemblée n'était pas nombreuse, mais elle était choisie. La gaieté, l'élégance, le bon goût y régnaient.

« Le jour même du départ de Mme de Truchsess, le roi envoya l'intendant général de la liste civile pour faire l'inventaire des meubles de son palais. Cet hôtel avait été occupé par le ministre des finances qui, pour faire place à Mme de Truchsess, alors en faveur, avait été obligé de l'*évacuer en vingt-quatre heures;* aussi M. d'Albignac, grand écuyer, dit-il au roi : « *Vive ce départ, il vous donne 80,000 livres de rente.* »

« Les fêtes du carnaval se terminèrent par un grand bal masqué donné par le maréchal du palais. Mille billets avaient été distribués : neuf cents personnes au moins furent présentes; le roi avait envoyé des billets aux notables de Münden, petite ville à quelques lieues de Cassel, qui s'était distinguée dernièrement par la promptitude et l'activité des secours qu'elle avait portés à un village incendié. Ils arrivèrent soixante-quinze en dix voitures : ils se crurent transportés dans un monde enchanté; un d'eux avait perdu son billet, et son désespoir était de penser à ce que dirait le roi de son impolitesse lorsqu'il s'apercevrait de son absence. Le roi et la reine furent reçus par des bergers et des bergères portant des guirlandes, et formant un berceau sous lequel passèrent Leurs Majestés. Le bal fut ouvert par un quadrille espagnol. Il est impossible de peindre la variété, l'élégance et le mouvement de cette fête. M. le général Du Coudras fit jouer des pantins avec un talent unique. La reine avait arrangé une foire. Dans une douzaine de boutiques, ses dames distribuaient de petits cadeaux. La reine avait une cassette remplie de bijoux; elle était d'une gaieté délicieuse; quelques-uns prétendaient que, sans s'en douter, elle se réjouissait de n'avoir plus *de gouvernante.* Le bal se prolongea jusqu'à cinq heures du matin.

« Comme on avait engagé tout le monde à faire

quelques folies, les membres du corps diplomatique s'étaient réunis pour représenter un jeu d'échecs, et, puisqu'il devait y avoir un roi battu, on était convenu de prendre le costume de mameluck. Seize enfants devaient faire les pions. Cependant, à la cour, on trouva avec raison que, dans une telle foule, un tel nombre d'enfants pourrait avoir des inconvénients, et le projet fut abandonné. Le ministre de France, invité par une députation de ses collègues à se mettre à la tête d'une mascarade représentant un bey d'Égypte avec son harem, y consentit. La procession se présenta devant le roi et la reine; quelques présents, quelques vers furent offerts et agréés : tout se passa en pantomime; le roi trouva l'exécution noble; elle parut faire plaisir généralement.

« A une heure, quelques personnes choisies se rendirent au souper dans l'appartement de la reine : dans ce nombre furent les ministres de France et de Hollande. Les épouses des autres ministres y furent invitées sans leur mari. Cette distinction fut très sensible à ces derniers. Le ministre de Saxe s'en plaignit à M. de Furstenstein; celui de Bavière avait fait un voyage exprès, dit-on, pour ne point risquer d'être exclu du souper. M. de Furstenstein a répondu qu'il y avait eu erreur. D'autres, sans doute, et avec raison, ont cru y voir une distinction faite en faveur des ministres de famille; mais, comme la cour ne s'est point expliquée à cet égard, les préférences et les exclusions ont l'apparence d'être personnelles.

« Les gazettes ont annoncé que le roi étant à Grimma avait retiré de l'eau un soldat de sa garde qui se noyait dans la rivière de Mulde (1). Voilà ce qui s'est passé : les gardes du corps traversaient la rivière tout près du pont pour faire abreuver leurs chevaux. En revenant, deux ou trois chevaux perdirent terre ou se couchèrent; les cavaliers tombèrent dans l'eau. Le roi se trouvait à quelque distance, causant avec le ministre de Hollande. Dès l'instant où l'on entendit des cris, le roi se jeta dans une nacelle avec les ministres de Hollande et de Bavière. Arrivé sur les lieux, il trouva les hommes déjà retirés. Toute la cour était accourue; M. de

---

(1) Cet épisode fit le sujet d'un joli tableau qui était encore au Palais-Royal dans le salon du prince en 1851.

Furstenstein et quelques autres étaient sur le pont. Le ministre de Hollande, en homme prudent, quitta la nacelle. Le roi, seul avec celui de Bavière, s'obstina à remonter la rivière. M. de Furstenstein, du haut du pont, lui cria de ne point s'exposer. « Ah ! voilà, « dit le roi, la diplomatie qui s'en mêle ; envoyez-« moi une note. » Après avoir passé le pont très habilement, le courant poussa la nacelle contre un pilier où elle resta collée. Enfin, les officiers du roi de droite et de gauche entrèrent dans la rivière. Le roi sauta hors du bateau ayant de l'eau jusqu'aux genoux. Peut-être ce jeu n'avait-il pas été sans danger ; mais le roi, dans ce moment, était si gai, si bon, si aimable, que l'impression que cette scène donna ne me laissa pas penser aux inconvénients qu'elle pouvait avoir.

« A l'époque de son mariage, M. de Furstenstein rompit une liaison avec Mme de P... (1). On prétend que, dans cette occasion, il fit l'éloge de sa vertu au roi, ce qui inspira à ce dernier le désir d'en triompher. Depuis cette époque, toutes les distinctions furent pour elle. Des négociations, dit-on,

(1) De Pappenheim, dit la *Chronique scandaleuse*.

furent entamées. Le roi, partant pour la Saxe, promit de revenir dans dix jours. Après son retour, on disait qu'un contrat avait été signé et que ce contrat était un peu cher, lorsqu'on vit Mme de P... partir pour Weymar. Elle est revenue depuis le retour de la reine. Son mari, premier chambellan, avait reçu, il y a quelques jours, une mission pour Aix-la-Chapelle. Il en est déjà revenu et l'on peut encore croire à la vertu de Mme de P...

« La petite maison de la reine est achetée, on en évalue l'achat à 100,000 thalers, et l'on trouve cette dépense un peu forte, parce qu'il est incertain que la reine y mettra jamais les pieds.

« Le roi étant allé déjeuner dernièrement dans une maison de campagne du banquier Jordis, dit en sortant au jardinier : « Cette maison m'appar-« tient. » Le marché fut conclu pour 30,000 thalers. Elle en avait coûté 7,000 à M. Jordis. On estime les améliorations à 5,000. On a déjà tracé une allée qui y conduit depuis la grande route. Quoique la distance ne soit pas grande, il faudra encore acheter le terrain par où passera l'allée.

« Une caisse venant de Paris, contenant pour le

roi des bijoux d'une valeur considérable et adressée à M. Cousin de Marinville, avait été remise à un homme de la poste allant au quartier général. La voiture s'étant rompue, il remit à un maître de poste la caisse dont il ignorait la valeur. Celui-ci l'expédia pour Plauen, où elle tomba directement aux mains du général Kienmayer.

« Le roi, annonça lui-même le sort du général Rewbell à sa femme. Elle était à folâtrer avec les dames de la cour, lorsque le roi lui dit : Betty, j'ai à vous parler. Elle fut atterrée, elle demanda s'il n'y avait aucune grâce à espérer? Tout ce que je puis vous dire de consolant, dit le roi, c'est qu'il vaudrait mieux pour vous et pour lui que votre mari fût mort. Elle fut ramenée à la ville. Mme Rewbell est Américaine, jolie, naïve, ne sachant contraindre ni dissimuler aucun de ses mouvements (1). Quelques jours auparavant, elle avait été désolée d'une petite disgrâce qui lui était attribuée. Le roi lui ayant retiré ses entrées pendant quelques jours pour avoir, sans sa permission, passé la nuit en ville où elle était allée pour voir ses enfants, elle

(1) On la disait bien avec Jérôme.

ne put se pardonner les larmes que cet ordre un peu inhumain lui avait fait verser. Le roi lui a fait conseiller, dit-on, de se rendre provisoirement à Bernterode, terre du général Du Coudras.

« Le général alla, il y a peu de jours, annoncer à M. Siméon que le roi lui avait fait don de la terre de Bernterode. — « Mais elle est donnée. Le roi « veut l'acheter à tout prix, il veut que vous vous « occupiez des formalités du contrat. »

« Le directeur de l'instruction publique, dans sa dernière expédition à Gœttingue, avait défendu aux étudiants de porter des bonnets d'une certaine forme et couleur, ainsi que des moustaches, signes de ralliement des associations. (*Bundsmannschaften.*) Depuis cette époque, les étudiants portent des bonnets de femme et des chapeaux de paille. Ils envoient leurs moustaches coupées au pro-recteur. Des plaisanteries pareilles ont été de tout temps l'effet de pareilles défenses; mais on dit que près de 400 étudiants des pays étrangers ont pris l'engagement de quitter Gœttingue à la fin du trimestre suivant et de se rendre à Heidelberg.

« Le spectacle allemand vient d'être congédié; il

sera remplacé par un ballet venant de Paris. »

12 février 1810.

« Depuis le retour du roi, il y a eu deux bals parés et deux bals masqués à la cour, et un bal masqué chez M. le comte de Furstenstein. Celui d'hier, qui s'est donné au palais, a été extrêmement brillant. On avait répandu à tort qu'on n'y serait point admis en domino ; mais, ce bruit s'étant accrédité, on a vu paraître d'autant plus de masques de caractère. La Cour a paru d'abord en jeu de piquet, mascarade plus savante que spirituelle ; mais bientôt de ce pêle-mêle fantasque sortit une belle ordonnance de rivières et de villes dansantes. Le roi de trèfle se changea en rivière du Weser, et les villes d'Hameln et de Hanovre vinrent fraterniser avec celles de Brunswick et de Magdebourg. Une élite de dames de la cour, changeant de masque une troisième fois, reparurent en Égyptiennes pour former un quadrille avec le roi. Dans la foule, des chevaliers teutoniques étaient en templiers, Mme Dumas en jardinière, M. Hugot en paysan, M. de Bercagny en innocent ; les membres des États, en dominos modestes, formaient une espèce de parterre. Le jour de l'ouverture des États et de la représentation de *Revanche* (?), le roi se retira vers minuit et alla passer la nuit à Schœnfeld (1). *On n'a pas remarqué qu'une dame de la cour se fût absentée* (2). Un matin, le roi a paru au cercle de la cour dans le costume de l'ordre de la couronne de Westphalie. C'est un habit français de couleur grise qui fait ressortir la couleur du ruban de l'ordre, avec des brandebourgs et des broderies en argent. Les décorations ne sont toujours pas encore arrivées de Paris. Un chapitre de l'ordre est annoncé pour le 15. Au bal masqué que donna M. de Furstenstein, M. Mollerus, chargé d'affaires de Hollande, affecta de se faire passer pour le roi, et il y réussit assez. M. de Norvins, tout fier d'être pris sous le bras par Sa Majesté, se croyait déjà sûr pour le lendemain d'une place de ministre plénipotentiaire. On dit que le roi a trouvé la conduite de M. Mollerus impertinente. Pour M. de Norvins,

(1) C'était une petite maison près Cassel, où il faisait venir ses maîtresses, la nuit.
(2) On voit que les actions de Jérôme étaient l'objet d'un continuel espionnage.

il n'est pas même sur la liste des chevaliers de l'ordre...

23 février 1810.

« Le bal masqué chez M. Siméon a surpassé les autres en élégance. La cour y a paru en double mascarade, d'abord en *Mariage de Figaro*, et après le souper en *Caravane du Caire*. Le roi, en costume de *Figaro*, a dansé, au son des castagnettes, une danse espagnole avec Mme de Boucheporn (1) et distribuait des fleurs. Le général Hammerstein et la comtesse de Bochholz (ornée des diamants de la reine) représentaient le comte et la comtesse Almaviva, Mme de Launay (2) a reçu du roi, dans cette occasion, un beau collier de diamants : elle est heureuse de sa grossesse et de l'arrivée de son mari.

« Le dimanche suivant, nouveau bal masqué chez M. le comte de Bochholz (3). Les membres des États, gravement assis, en dominos, ont l'air de dresser actes de toutes ces merveilles pour en faire le récit

---

(1) Très jolie personne, femme d'un préfet du palais.
(2) Femme du général de Launay, fille de Siméon.
(3) Mme de Boucheporn, Mme de Bochholz et Mme de Launay étaient bien avec le jeune roi.

après le retour dan leurs foyers. (*Prælia conjugibus loquenda.*)

« Dans le premier bal paré de la cour, qui eut lieu après le retour du roi, on avait envoyé des billets d'invitation à quelques dames de la ville, de réputation un peu équivoque. Le roi, s'étant fait présenter la liste, ne voulut point qu'elles fussent admises. Il resta inexorable, et les chambellans furent obligés d'avertir les dames en question qu'il y avait une méprise dans l'envoi des billets. Mme de Launay, dans ses invitations, a été moins scrupuleuse (1).

« Un des frères de M. de Furstenstein, arrivé d'Amérique dans l'été dernier, est reparti pour Amsterdam où il doit se rembarquer. Un autre frère qui est chambellan du roi, l'a accompagné. On suppose que ce voyage de M. Lecamus concerne les anciennes relations du roi avec Mlle Paterson (2).

« On parle d'un prochain voyage du roi pour Paris à l'occasion du mariage de Sa Majesté l'Em-

---

(1) Le roi Jérôme a toujours été très attentif à sauver les apparences.
(2) C'était la vérité.

pereur. On prétend même que le jour en est fixé au 18 mars.

9 mars 1810.

« Le mercredi des cendres a commencé par un déjeuner splendide à la cour, lequel a terminé à six heures du matin le bal masqué qui a fait la clôture du carnaval. En remontant, il faudrait rendre compte d'un bal masqué chez M. de Pappenheim, qui n'a pas eu lieu, parce que la reine était incommodée ; d'un bal masqué et paré chez M. le général d'Albignac ; d'un bal chez le ministre de Russie ; d'un bal masqué chez M. le comte de Bochholz. Il faudrait faire l'éloge d'un quadrille chinois, d'un ballet des quatre parties du monde ; d'un superbe ballet, *les Noces de Gamaches*, dans lesquels le roi et la reine ont figuré. Il faudrait montrer la reine en vieille juive, en sauvage américaine, en paysanne de la Forêt-Noire ; le roi changeant de dominos et de masques en véritable caméléon ; les plus belles dames de la cour déguisant leurs attraits sous l'accoutrement de vieilles laides. Il faudrait faire mention de l'appétit merveilleux des masques du mardi gras et de la fureur avec laquelle ils ont dévasté les buffets royaux ; et, en se réjouissant avec les marchands qui ont vendu jusqu'à leurs fonds de boutique, il faudrait gémir en même temps avec ceux qui, faisant leurs comptes en carême, s'aperçoivent avec effroi de ce que leur a coûté le carnaval. »

REINHARD A CHAMPAGNY

29 janvier 1811.

« Le cérémonial du dernier bal a fait une trop grande sensation et dans le corps diplomatique, et dans la ville, pour que je puisse me dispenser de demander à ce sujet ordres de Votre Excellence. Déjà, au bal précédent, le premier chambellan avait exigé que les dames se tinssent debout, tandis que M. de Furstenstein leur disait de s'asseoir. Cette fois, le roi lui-même, qui plus que jamais s'occupe d'étiquette, a coupé le nœud. M. de Furstenstein devait annoncer cette décision aux femmes des ministres ; et le hasard voulut que ma femme fût seule présente. Il ne le fit cependant pas, disant que ce n'était pas l'usage de la cour de France. Quant au privilège d'être seul assis que le roi a accordé à ce ministre, Sa Majesté le fonde sur ce qu'ayant le collier de l'ordre, M. de Furstenstein est son cousin et doit être assimilé aux grands dignitaires. C'est une manière d'éluder la difficulté, et M. de Furstenstein sans porter le titre de prince en aura tous les privilèges. J'ignore encore si le ministre saxon, qui n'existe qu'à la cour et pour la cour, et dont la femme, courant après toutes les fêtes et après toutes les faveurs, s'est trouvée absente, avait été prévenu de tout ce qui arriverait. Il m'avait demandé en entrant ce que j'avais résolu de faire pour le souper, et j'avais répondu que nous serions debout et les femmes assises. La femme du ministre de Prusse était malade. Votre Excellence voit au reste que, même dans ces occasions-là, le roi a soin de distinguer le ministre de France. Pour cette fois, je m'abstiendrai entièrement d'énoncer dans la société mon opinion sur ce qui s'est passé, précisément parce que j'attends les instructions de Votre Excellence.

« Je n'avais appris toutes ces circonstances que vers la fin du souper. M. Jacoulé a fait une terrible grimace en voyant assis M. le comte de Furstenstein, qui d'ailleurs avait l'air plutôt confus que glorieux de la distinction qui lui était accordée. »

Lorsque l'empereur eut pris connaissance de la dépêche de Reinhard et de la nouvelle mesure d'étiquette introduite à la cour de son frère pour M. Lecamus, devenu comte de Furstenstein, il fut choqué de cette innovation et écrivit le 20 février au duc de Cadore la lettre ci-dessous, omise à la *Correspondance de Napoléon I*[er] :

« Monsieur le duc de Cadore, je vous renvoie trois portefeuilles de votre correspondance. Qu'est-ce que cette prérogative de M. de Furstenstein de s'asseoir aux cercles de la cour de Cassel devant le corps diplomatique et les grands de l'État? Demandez des renseignements plus détaillés que cela. Il n'y a pas d'objections à ce que le roi exige que les femmes se tiennent debout quand il danse. En général, un roi ne doit pas danser, si ce n'est en très petit comité. Cependant, cet usage ne choque aucune convenance. Mais vous devez charger mon ministre de s'opposer formellement à ce que le comte de Furstenstein soit appelé *cousin* et s'assoie devant le corps diplomatique et les grands de l'État. Cette prérogative ne peut appartenir à qui que ce soit en Westphalie, parce qu'elle est contraire à toute idée reçue, et *que je ne veux pas* qu'elle existe. Personne en France ne s'assoit à la cour parmi les princes du sang. Les maréchaux ne s'asseyent pas. Quant aux grands dignitaires, cela tient au *décorum* de l'Empire, et quels sont les grands dignitaires ? Lorsque le roi d'Espagne, le roi de Naples, le vice-roi d'Italie, qui sont revêtus de grandes dignités, s'asseyent, il est juste que les premiers grands du plus grand Empire du monde qui leur sont assimilés s'asseyent ; mais il est absurde de donner ce privilège dans une petite monarchie. Cela est contre l'opinion de toute l'Europe, et il y a dans cette conduite un peu de folie. Il faut donc que mon ministre fasse connaître au ministre des relations extérieures de Westphalie que mon intention n'est pas de souffrir ces aberrations du roi, et que j'exige qu'il ne soit donné aucune suite à cette innovation. Parlez de ceci à M. de Wintzingerode et à M. de Bülow. Faites-leur connaître que le roi ferait bien mieux de modeler son étiquette sur celle de la cour de Saxe que de faire à sa tête et de se faire tourner en ridicule. Parlez sérieusement à M. de Wintzingerode là-dessus ; il devrait donner des conseils à sa cour sur ce, etc., etc. »

L'empereur, non content de sa dépêche au duc de Cadore, écrivit lui-même à son frère le même jour 10 février. Le roi Jérôme répondit le 17 du même mois une lettre respectueuse, dans laquelle il ne laisse pas que de faire ressortir les injustices dont on s'est rendu coupable à son égard. Cette lettre, que voici, ne se trouve pas aux *Mémoires de Jérôme* :

« Sire, je reçois la lettre que Votre Majesté a bien voulu m'écrire, en date du 10 février ; tout ce qu'elle contient est vrai, seulement j'aurais désiré qu'on ne laissât pas ignorer à Votre Majesté que le soir où le comte de Furstenstein a été assis, *je n'y étais pas*, que c'était dans *un salon particulier* et que c'était une erreur du préfet qui n'avait pas senti que les ministres étrangers pouvant entrer, ce n'était plus un salon particulier ; cela ne s'est jamais fait et ne *se fera plus*. Quant au titre de cousin, comme ayant le grand collier de l'ordre, je ne le donne qu'en écrivant une lettre de chancellerie de l'ordre, pour *rassembler* le chapitre ou faire une *promotion;* mais jamais je n'ai eu assez peu de sens ni d'esprit pour ne pas sentir que, si j'eusse pu faire comme on l'a dit à Votre Majesté, j'aurais mérité les petites-maisons.

« Je le répète, sire, je ne fais jamais un pas sans avoir Votre Majesté en vue, sans désirer de lui plaire et surtout sans ambitionner qu'elle puisse dire : jamais mon frère Jérôme ne m'a donné de chagrin. C'est bien le fond de ma pensée, sire, et si je me trompe, un conseil paternel de Votre Majesté est plus que suffisant, non seulement pour me faire changer, mais pour me convaincre que j'avais tort. Pourquoi donc Votre Majesté est-elle si avare de ses conseils? et pourquoi suis-je le seul qui lui inspire assez peu d'intérêt pour qu'elle ne veuille pas m'écrire ce qui peut lui déplaire? Dans les circonstances critiques où je me trouve, Votre Majesté n'a pas même daigné me dire : *faites ce que je désire, cela me sera agréable;* c'est par *le Moniteur* que j'apprends *que je perds le quart de mes États ou le tiers de mes revenus,* et le débouché de mes rivières, sans qu'un seul mot de Votre Majesté vienne me rassurer et me dire : c'est telle ou telle conduite que vous devez tenir : avouez, sire, que Votre Majesté est bien sévère pour moi qui n'ai jamais désiré et ne désirai jamais que de contribuer à votre contentement.

« Je finis, sire, car je me vois, par l'abandon de Votre Majesté, entouré d'écueils sur lesquels je ne pourrai manquer de me perdre, si elle persiste dans cette indifférence pour moi. Que Votre Majesté se mette un instant à ma place, souverain d'un pays ruiné, accablé sous le faix des charges extraordinaires, auquel on dit : je vous prends le quart de vos États, de vos revenus, et cependant je ne vous ôte aucune charge, ni ne vous donne aucun dédommagement, que feriez-vous, sire? ce que je fais, vous laisseriez prendre, vous ne vous opposeriez à rien ; au contraire, mais en conscience vous ne feriez pas comme le roi de Hollande, qui a dit à ses sujets : Je cède une partie de mes États, parce que l'on me les demande.

« Je vous prie, sire, au nom de votre ancienne amitié pour moi, de me diriger et de ne pas m'abandonner, car vous seriez fâché un jour d'avoir perdu un être qui vous aime plus que sa vie. »

Cassel, 2 mai 1812.

« On parle beaucoup à Cassel de la nomination, à la place de receveur général du département de la Fulde, d'un sieur Alexandre, économe de la maison des pages du roi. C'est le père d'une demoiselle fort jeune et fort jolie, qui, après avoir épousé pour la forme, dit-on, un Escalonne, employé aux postes de l'armée, est partie pour le quartier général de Kalisch. Son départ ayant coïncidé avec celui du roi, le public voit en elle la maîtresse de camp de Sa Majesté.

« On dit que les gardes du corps vont revenir, attendu qu'ils sont trop peu nombreux pour servir en ligne et qu'ils jouissent de distinctions que Sa Majesté impériale n'a accordées à aucun corps de sa propre garde. Leur colonel, M. le chevalier Wolf, vient d'être nommé général de brigade. »

Cassel, le 23 novembre 1810.

« Le séjour prolongé à Cassel du prince royal de Wurtemberg peut avoir fixé l'attention de Votre

Excellence; et, quoiqu'il soit probable qu'Elle sera mieux informée que moi des véritables motifs de son voyage, il est de mon devoir de lui rendre compte de ce qui est venu à cet égard à ma connaissance, ou de ce que j'en pense moi-même d'après les conjectures que j'ai pu me former.

« Dans le public, la présence du prince ne paraît causer aucune sensation ; on n'en parle guère ni à la cour, ni en ville. Son Altesse Royale paraît peu ; et si elle sort, c'est pour accompagner le roi. On l'avait attendu un jour dans une société de la ville ; mais le roi le retint au château.

« On sait que le roi lui-même a dit qu'il le verrait avec plaisir rester à Cassel aussi longtemps que cela lui plairait ; que la présence de ce jeune homme ne le gênait nullement ; qu'il n'était pas en trop bonne intelligence avec le roi son père et qu'il se plaisait mieux à Cassel qu'à Stuttgard ; qu'il donnait de bons conseils à la reine ; qu'il faisait la cour à deux ou trois dames du palais et que, s'il pouvait réussir auprès de l'une ou de l'autre, ce ne serait pas lui qui s'y opposerait.

« Le prince n'est accompagné que d'un aide de

camp et du baron de Phul son grand maitre et son confident. Ce dernier est venu me voir deux fois. Il m'a demandé mon sentiment sur la reine. Il m'a dit le sien. Selon lui l'espèce de nullité dans laquelle la reine semble se renfermer est l'effet d'un calcul. Elle sait par expérience combien le roi est jaloux de son autorité et qu'il veut que l'affection de ses sujets se rapporte de préférence à sa personne. Comme princesse allemande, comme issue d'une famille qui régnait autrefois sur une partie du royaume, on aurait pu vouloir lui montrer une déférence qu'elle ne veut pas devenir suspecte de s'attirer. D'ailleurs, ce que la reine fait pour plaire au roi, n'est jamais pour Elle un sacrifice. Sa vie n'est remplie que par deux affections, par son amour pour le roi qui va jusqu'à l'adoration; et par le besoin de la société de son amie d'enfance, Mme d'Otterstadt. La reine n'a pas l'esprit très cultivé. Celui de Mme d'Otterstadt l'est encore moins; mais toutes les deux ont du bon sens et une pureté rare d'âme et de caractère. Si la reine ne peut pas se faire une illusion entière sur certaines relations du roi; si quelques informations propres à l'affliger parviennent jusqu'à elle, ce n'est jamais par Mme d'Otterstadt; c'est quelquefois par les aveux du roi lui-même qui, par exemple, ne lui a point caché jusqu'à quel degré d'intimité il était parvenu avec Mme la comtesse de Truchsess. Dans tout ceci, le ministre de Wurtemberg est un zéro. Le roi, en lui confiant cette mission, disait qu'il allait envoyer à Cassel le moins spirituel de ses sujets.

« Dans la seconde visite, M. de Phul me parut vouloir aborder de plus près l'objet qui occupait ses pensées. Il me témoigna des inquiétudes sur les sentiments et sur les intentions du comte de Furstenstein et de sa famille. Il me dit que le projet de M. Morio paraissait être de faire renvoyer Mme d'Otterstadt et de faire mettre Mme Morio à sa place. Il me cita des propos tenus par le comte de Furstenstein qui, parlant de la reine, avait dit qu'il ne serait heureux que quand il verrait cette femme éloignée du roi. Je n'avais alors aucune connaissance de ce fait, et en général j'éprouvais une certaine répugnance à entrer dans une matière aussi délicate. Je me bornai en conséquence à dire à M. de Phul que je serais fort étonné si M. de Furstenstein avait tenu de pareils propos qui me paraissaient être en contradiction avec l'indolence de son caractère. D'après ce que j'ai su depuis, M. de Furstenstein doit avoir tenu des propos de cette nature pendant le dernier séjour du roi à Paris, et un jour qu'il était mécontent à l'égard du goût de la reine pour la dépense. M. de Phul m'a assuré que le prince royal, son frère, lui en avait parlé sérieusement, et qu'il espérait que ces exhortations ne resteraient pas sans fruit. De mon côté, je ne lui ai point dissimulé combien j'applaudissais à cet exercice de l'influence fraternelle dans une matière qui pouvait être réellement envisagée sous un point de vue important.

« Ce qui m'a paru moins important, c'est le soin qu'a pris M. de Phul d'écarter du voyage du prince royal toute idée de politique. Il m'a dit que le prince avait eu quelque désir d'aller à Weimar; mais qu'il n'irait point, pour ne pas faire dire qu'après avoir fait la cour à la France, il voulait aussi la faire à la Russie. Il a excusé Son Altesse Royale et il s'est excusé lui-même sur l'espèce d'isolement où ils vivaient ici par la circonspection que leur imposait le caractère méfiant du roi de Wurtemberg à qui l'on ne persuaderait jamais qu'on n'avait pas eu d'intention secrète en voyant le ministre de France. Cependant j'ai été admis à rendre mes hommages au prince dans une visite particulière le jour anniversaire de la naissance du roi son père.

« Je me résume, Monseigneur : on sait combien la reine est désolée de ce qu'elle n'a pas encore obtenu le bonheur de devenir mère. A ce chagrin s'est jointe de l'inquiétude à l'époque du mariage de Sa Majesté impériale. La possibilité d'un divorce dont le public oiseux s'occupait déjà, paraît s'être aussi présentée à l'esprit de la reine. Elle a supposé que quelques personnes qui entourent de plus près le roi, étaient disposées à favoriser un pareil projet. Il est à croire qu'elle aura fait la confidence de ses inquiétudes soit au père, soit au frère : et voilà, selon moi, le motif principal du voyage du prince royal.

« Mais si ce prince prolonge son séjour ici, c'est probablement par des raisons qui tiennent plus particulièrement à l'intérieur de la cour de Wurtemberg. Le roi de Wurtemberg est en ce moment indisposé;

plus sa maladie pourrait devenir grave et plus il peut être dans son caractère de tenir éloigné un fils avec lequel il ne vit pas dans la meilleure harmonie et qui est l'héritier du trône. J'apprends qu'on attend ici le prince Louis de Wurtemberg revenant de Russie. Quant à la duchesse Albertine qui a passé à Napoleonshöhe quelques jours du mois d'août dernier, son séjour a été sûrement étranger à toute politique ; et, d'ailleurs, les sentiments qui règnent entre elle et le prince royal ne paraissent pas être ceux d'une amitié bien tendre. »

Nous croyons que le baron Reinhard ne connaissait pas encore le véritable motif du séjour prolongé, à la cour de Westphalie, du prince royal de Wurtemberg. Ce motif était sa passion pour la baronne Blanche de Keudelsheim. Quant au paragraphe de son bulletin, relatif aux paroles de Jérôme, sur la cour que son beau-frère faisait à quelques dames de son palais, notre récit et le journal de la reine nous semblent être une preuve que le jeune roi n'approuvait nullement la liaison de son beau-frère avec sa propre maîtresse.

« Cassel, 31 décembre 1810.

« La cour est partie hier pour Catherinenthal, petit château à une distance de trois lieues de Cassel, et portant le nom de la reine à laquelle le roi en a fait cadeau, il y a déjà quelques années. La cour y passera, dit-on, quatre ou cinq jours. M. de Furstenstein a annoncé ce départ par une note-circulaire au corps diplomatique.

« Le voyage de M. de Bülow a été contrarié par plusieurs circonstances. Après avoir été arrêté à Marbourg par les eaux débordées et par une roue cassée, il eut sa voiture brisée et il reçut une contusion lui-même aux environs de Gressen, ce qui le força de revenir dans cette ville, de manière qu'à peine il aura pu gagner Francfort le jour où il comptait arriver à Paris.

« Le ministre de l'intérieur, par ordre du roi, a prescrit aux préfets dont les départements sont compris en partie ou en totalité dans les réunions à l'empire, de ne s'opposer en aucune manière aux opérations qui seraient ordonnées par Sa Majesté Impériale, et de montrer les plus grands égards aux autorités françaises, civiles ou militaires, qui pourraient en être chargées. Dans un des derniers cercles de la cour, le roi s'est entretenu du changement de leur situation avec ceux de ses serviteurs qui possèdent des terres dans les parties du Hanovre et de la Westphalie, réunies à l'empire. Il leur a dit qu'ils ne pourraient qu'y gagner et que, s'il agréait l'expression de leurs regrets, il n'en sentait pas moins qu'il n'y avait qu'à les féliciter.

« M. le général Morio, nommé grand écuyer, et conservant en même temps la place de capitaine des gardes, va occuper l'hôtel de Belle-Vue attenant aux écuries construites sous la direction du général d'Albignac. Les affiches annoncent pour le mois prochain une vente considérable de chevaux des écuries royales. On dit que près de quatre-vingts seront mis en vente.

« Le dernier bal paré à la cour a été aussi nombreux que brillant. Le roi, dont j'ai eu l'honneur de faire la partie d'échecs, s'est retiré de bonne heure : la reine a soupé. J'ai cru, Monseigneur, devoir faire une mention particulière de cette fête, parce qu'elle s'est signalée par deux nouveautés introduites dans le cérémonial, dont la première était que, pendant la première contredanse dansée par le roi, en vertu de l'avis qui leur en fut donné, toutes les dames se tinrent debout, et la seconde que, pendant le souper, M. le comte de Furstenstein, comme décoré du grand collier de l'ordre de la couronne de Westphalie, fut par ordre du roi, que M. de Bercagny fut chargé de faire connaître, *seul assis, et que sa place lui fût assignée à la place de la reine.*

« J'apprends que le prince royal de Wurtemberg partira décidément vers la fin de cette semaine. Il paraît que Son Altesse Royale se rendra directement à Stuttgard. »

REINHARD AU DUC DE CADOR.

Cassel, le 24 mars 1811.

« En revenant ce matin de ma conversation avec M. le comte de Furstenstein, j'ai reçu la lettre que Votre Excellence m'a fait l'honneur de m'écrire sous la date du 10, et dans laquelle elle daigne m'informer de la situation actuelle de la négociation avec

M. de Bülow. Je vous prie, Monseigneur, d'en agréer mes remerciements. Malheureusement le retard de cette dépêche, qui ne me paraît pas tout à fait naturel, m'a fait manquer l'occasion d'en faire un usage opportun. Aussi, ai-je reçu dans l'instant même M. Pothau (1) qui venait me faire une visite de félicitations, pour lui dire qu'il me trouvait occupé à prier Votre Excellence de m'informer exactement du jour où votre dépêche du 16 mars était partie, et que je ne souffrirais pas qu'on retînt les dépêches du ministre de France à la poste de Westphalie; qu'on pourrait les ouvrir, à la bonne heure, tant que je ne m'en apercevrais pas. M. Pothau est resté un peu confondu, en me faisant cependant les protestations d'usage.

« Ce matin même, M. de Furstenstein me disait que M. de Bülow avait reçu l'ordre de terminer et de revenir, et qu'on attendait son retour dans deux jours. Comme avant-hier, le roi m'avait parlé de la négociation de ce ministre, qu'après tout ce que les circonstances n'avaient pas permis à sa Majesté l'Empereur de faire pour le roi, en ce moment-ci,

(1) Directeur général des postes à Cassel.

d'autres circonstances pourraient l'amener, je jugeais inutile d'entendre redire les choses qui ne m'apprenaient jamais le véritable état de la question. Ce fut moi qui, dans un de ces intervalles où le roi, contre sa coutume, gardait le silence, demandai avant-hier à Sa Majesté des nouvelles de la négociation de M. de Bülow. On ne veut point finir, me dit-elle, ou plutôt on ne veut que donner des ordres; mais ce n'est point traiter. Comme je ne pouvais répondre qu'en tâtonnant, je parlai de résignation pour le moment, laquelle trouverait sûrement sa récompense. Je ne regarde point en avant, me dit le roi, je ne regarde qu'en arrière; je dois tout à l'Empereur. C'est lui seul qui m'a fait ce que je suis, et ma vie même ne payerait pas trop ses bienfaits. Je lui ai répondu qu'avec de pareils sentiments il pourrait avoir confiance et regarder en avant.

« Quoi qu'il en soit, Monseigneur, j'ignore absolument en ce moment où en sont les choses; mais la journée ne se passera point sans que j'en sois informé, et s'il est encore temps, je ferai tous mes efforts pour mettre à profit la dépêche de Votre Excellence. Ce que je ne saurais croire, c'est qu'on eût fait revenir M. de Bülow sans avoir terminé.

« Le roi m'a parlé de deux nouveaux districts, non compris dans l'ancienne ligne qu'on lui enlevait du côté de Lunebourg ; de la ligne du ruisseau de la Werra qu'on avait suivie si exactement, que quelques jardins étaient devenus moitié français et moitié westphaliens, ce qui selon lui prouvait qu'on n'avait pas voulu tracer une ligne définitive; des difficultés et même des incertitudes de la situation de son royaume. Dans les deux entretiens, il semblait oppressé de quelque poids qu'il ne pouvait se résoudre de soulever, et où je restais incertain s'il avait quelque chose qui me regardât personnellement. Son expression n'était franche que lorsqu'il parlait de l'heureux événement que nous venons d'apprendre. Il y voyait surtout un nouveau lien d'attachement et de confiance entre Sa Majesté Impériale et ses Augustes Frères.

« On disait que la cabale contre M. de Bülow avait à peu près échoué et que le roi s'était enfin aperçu que c'était une cabale. Il avait dit lui-même, il y a peu de jours, à Mᵐᵉ de Bülow que les finances allaient mal, qu'elles avaient besoin du retour de son mari, et qu'il lui avait donné l'ordre de revenir. Ce ministre avait écrit directement au roi en le priant, s'il avait encore quelque confiance en lui, de ne point remplacer M. de Pestel avant son retour. Il paraissait que cette démarche avait plu à Sa Majesté. Quelques jours auparavant, M. Siméon avait essayé en vain de lui faire lire une lettre confidentielle de M. de Bülow : il en avait refusé la lecture, sous prétexte qu'elle avait huit pages.

« Mais, au moment où j'écrivais ce paragraphe, est entré M. Morio pour me parler d'une scène qui a eu lieu au château, où le roi a reproché, en plein cercle, à M. Provençal, secrétaire général du département des finances, d'avoir écrit à M. de Bülow, des lettres où il l'appelait le messie, le sauveur de la Westphalie. M. Provençal et un autre commis de M. de Bülow viennent d'être destitués comme Prussiens. J'ai dit à M. Morio que sans doute ces lettres étaient bien sottes ; mais que le roi venait de trahir le secret de l'ouverture des lettres.

« En attendant le retour du château, de M. de Furstenstein, j'ai demandé à M. Siméon qui avait été témoin affligé de la scène, où en était M. de Bülow ?

Il m'a dit qu'il le croyait placé entre la nécessité de signer sans l'aveu du roi, ou de revenir sans avoir signé.

« Enfin, M. de Furstenstein est revenu : il m'a dit que, le 19, le roi avait envoyé à M. de Bülow son *ultimatum* qui était de tâcher, s'il était possible, d'obtenir de meilleures conditions ; et s'il ne le pouvait point, de terminer et de revenir. Ainsi, ai-je dit, M. de Bülow a reçu le pouvoir de conclure et de signer ? M. de Furstenstein a dit que oui, mais avec peu d'assurance. — « Vous me soulagez, ai-je
« répondu, car je commençais à craindre que
« M. de Bülow n'eût reçu l'ordre de revenir sans
« avoir signé ; et cependant il m'était impossible de
« le croire. » — Au fond, a repris M. de Furstenstein, il ne faudrait pas de convention, puisque tout reste dans l'ancien état. — « C'est bien, ai-je répondu,
« ce que le roi m'avait dit ! Cependant, les avan-
« tages offerts par Sa Majesté Impériale, sont encore
« assez considérables », — et je lui ai fait part du résumé de votre dépêche. Il avait presque l'air de la connaître.

« P. S. Je sais que M. de Bercagny a placé des

décacheteurs de lettres à sept lieues d'ici, sur la route de Francfort. Comme il pourrait être tenté d'en placer aussi ailleurs, je vais prendre quelques précautions dans la manière de cacheter mes paquets ; et je prie Votre Excellence de faire examiner pendant quelque temps si les adresses sont écrites ou de la main de M. Lefebvre ou de la mienne. »

« Votre Excellence trouvera dans les deux numéros ci-joints du *Moniteur westphalien*, la description des réjouissances qui ont eu lieu et des grâces qui ont été distribuées le jour anniversaire de la naissance du roi. J'ajouterai que, dans la matinée, un beau soleil a en effet éclairé le moment de la grande parade; mais que dans la soirée le vent a éteint les lampions. A souper, les dames du palais, les femmes des ministres d'État et étrangers étaient assises à la table de la reine. Dans deux autres appartements on avait dressé quinze tables, dont les six premières, où l'on a assigné des places aux ministres d'État et aux membres du corps diplomatique étaient présidées par les grands officiers. A l'amabilité du roi, qui lui est ordinaire, s'était joint ce jour-là un air de satisfaction qui ne pouvait que lui inspirer les témoignages d'amour et de reconnaissance qu'il recevait de toutes parts. Les suffrages du public ont sanctionné la plupart des grâces qui ont été distribuées. Tout le monde, excepté les comédiens, a applaudi à la nomination de M. de Bercagny qui, de son côté, est content d'être placé (entre les truffes et les filles).

« Toute la ville avait été remplie du bruit que M. le comte de Furstenstein et M. le comte Bochols seraient nommés princes. Par précaution, j'ai cru nécessaire d'écrire à ce sujet un billet à M. Siméon. Il ne tiendrait qu'à moi de croire que ce billet a produit son effet; mais j'aime mieux me persuader qu'il n'a jamais été question d'une pareille nomination qu'on savait être assez désagréable à Sa Majesté Impériale.

« L'Empereur, ayant appris que son frère, en imitation de ce qui se faisait en France, avait l'intention de créer des colonels généraux, prescrivit à son ministre des relations extérieures d'écrire à ce sujet au baron Reinhard pour que Jérôme se bornât à nommer des capitaines de la garde et non des colonels généraux.

Voici la lettre de Champagny au ministre français à Cassel :

CHAMPAGNY A REINHARD.

« Fontainebleau, 19 octobre 1811.

« Parmi les titres militaires, ceux qui désignent uniquement des fonctions qui sont les mêmes partout peuvent être partout employés. Mais ceux qui sont encore des titres de dignité et d'honneur doivent être en harmonie avec la grandeur de l'État qui les donne et les actions dont ils sont la récompense.

« Partout, les souverains ont une garde dont les chefs sont le plus communément appelés capitaines des gardes, et qu'on pourrait aussi appeler colonels et même généraux de la garde.

« En France, ils ont le titre de colonels généraux, mais ce sont des maréchaux illustrés par cent combats, et qui ont remporté des victoires. Dans un petit État, et à des officiers sans renommée, un tel titre ne peut être convenablement donné.

« L'empereur désire et vous charge de demander

qu'il ne le soit point en Westphalie, et que le roi, son frère, ne donnant aux chefs de sa garde que des titres qui aient été de tout temps en usage en Europe, laisse à la France les titres de distinction qu'elle a créés et qui sont particuliers à l'armée française.

« Le roi n'a point fait de maréchaux et ne songe vraisemblablement point à en faire. Mais, s'il arrivait qu'il en eût l'intention, vous reproduiriez les observations qui précèdent, en faisant sentir qu'elles ne sont pas moins applicables au titre de maréchal qu'à celui de colonel général de la garde, et qu'il ne doit point y avoir de maréchaux dans l'armée westphalienne. »

BULLETIN

« Cassel, 19 octobre 1812.

« Tandis qu'une salle de spectacle se construit au palais du roi, le lieu des séances du Conseil d'État a été transporté dans le palais des États, où sera aussi logée une partie des artistes au service du roi, qui habitaient jusqu'à présent le garde-meuble. Ce même palais renferme une bibliothèque et plusieurs collections assez intéressantes ou curieuses. Ces dernières ont déjà beaucoup diminué, on dit qu'elles vont être transportées on ne sait où. Il se trouvait, au château de Napoléonshöhe, la bibliothèque à l'usage personnel de l'ancien électeur, très bien choisie et composée de livres de prix; elle pourrit aujourd'hui dans un galetas du garde-meuble, entassée dans des corbeilles et à la merci du premier venu. »

REINHARD AU DUC DE BASSANO

« Cassel, 21 novembre 1812.

« La cour est revenue mardi dernier du voyage de Catherinenthal. Elle a assisté le même jour, en grande loge, à la première représentation de l'opéra de *la Vestale*, donnée avec une magnificence qui approchait bien près de celle de Paris. Seulement, le théâtre a paru un peu trop étroit pour le char triomphal attelé de quatre chevaux blancs.

« La petite salle de spectacle, construite dans l'intérieur du château, a été inaugurée avant-hier.

Le roi a acheté, autour de cette résidence provisoire, plusieurs maisons nouvelles dont on a déjà démoli et déblayé l'intérieur. Ces changements continuels, ces dépenses considérables pour agrandir et embellir un local qui n'en est pas susceptible et qui ne doit servir que par intérim, la célérité nuisible avec laquelle le roi veut que les ordres qu'il donne à cet égard soient exécutés, désolent l'intendant de sa maison, mais le roi dit que c'est là sa jouissance. Néanmoins, cet intendant assure que la totalité des budgets, pour la maison de Sa Majesté, où les écuries seules absorbent 12 à 13,000 francs, n'excède pas la somme de 4,700,000 francs. A la vérité, ces constructions et les dépenses de la cassette n'y sont pas comprises. La répugnance de la reine, surtout, à faire réparer l'ancien palais incendié et à revenir l'habiter paraît invincible.

« Quant au budget de l'État, M. de Malchus, dit-on, se propose de ne le soumettre au roi qu'au mois de décembre. Pour le moment, le Trésor est assez à l'aise, principalement parce que la solde de plusieurs mois n'a pas encore été payée à l'armée. »

« Cassel, 2 juin 1813.

« On dit que les ennemis annoncent le projet de faire une pointe sur Cassel. Enflés par quelques succès, il ne serait pas, en effet, impossible qu'ils poussassent leur témérité à ce point. Il est vrai qu'avec ce qui est parti pour Minden, nous aurions 4 à 5,000 hommes et environ 1,000 chevaux à leur opposer : mais quelles troupes et comment dirigées ? Si cela continue, de surprise en surprise, ou même avertis mais mal informés, sans prudence, sans ensemble, nous serons détruits en détail.

« Depuis plus de trois mois que le roi est à Napoléonshöhe, je n'ai eu l'honneur d'approcher de Sa Majesté qu'une seule fois. Mais M. de Furstenstein continue à être invisible : son cabinet est au salon de service. M. Siméon est toujours là. M. de Hœne, M. de Bongars, sont tour à tour du voyage. M. de Hœne avait été malade, il est retourné aujourd'hui à Napoléonshöhe. Il doit, dit-on, proposer au roi de mettre toutes ses forces disponibles sous les ordres du général Teste. Il est à prévoir que cette proposition ne sera point agréée. Le roi paraît se trouver de nouveau dans un de ces accès de dégoût ou, se livrant à l'apathie, il cherche des distractions dans des plaisirs dont le secret n'est pas assez gardé pour ne pas faire une impression fâcheuse sur le public. Je ne méconnais point ce qu'en ce moment la situation du roi a de pénible, sous tant de rapports que je connais et peut-être sous quelques rapports que j'ignore : mais le travail et le dévouement surmonteraient facilement des peines qu'on ne se serait pas attirées soi-même, et ce sont ces dernières qui sont poignantes et qui découragent. Au milieu de tout cela, on se croit trop petit souverain avec deux millions d'âmes : on s'en sépare d'affection et d'intérêts. On est jaloux des conseils, on s'impatiente de la vérité. Voilà près de cinq ans, depuis que Sa Majesté Impériale a daigné me confier la mission de Westphalie, et laissant à part ce qui doit être imputé à des événements qui n'ont pas dépendu du gouvernement de ce royaume, je ne puis me dissimuler, je ne puis, quelque chagrin que j'en aie, dissimuler à Votre Excellence qu'en principes d'administration, en talents et en connaissances, en moralité surtout, les choses y sont toujours allées en empirant. »

« Cassel, 20 mai 1813.

« Une semaine passée en voyage à Napoléons-höhe me met à portée d'en décrire les usages et de rendre compte du genre habituel de vie que le roi a adopté dans cette résidence d'été.

« Le costume de voyage est un petit uniforme bleu, brodé en argent, pantalon bleu et bottes à l'écuyère. Les invités sont rarement au-dessus du nombre huit : quatre hommes et quatre femmes. *Rarement les femmes et les maris sont invités ensemble.* Dans la semaine passée, nous étions au nombre de six. Le ministre de la guerre, le baron de Schulte, conseiller d'État, la comtesse de Furstenstein, Mme la comtesse de Jagow, femme d'un chambellan du roi, Mme Chabert, femme du capitaine de la garde, Mme de Schlicher, dame du palais, étaient de semaine.

« Le lever a lieu vers les dix heures. A onze heures, déjeuner, à six heures et demie, dîner. Il n'y a rien de recherché, ni dans les plats, ni dans les vins ; la table est bien servie, mais sans profusion. Le roi déjeune et dîne seul : il est cependant d'usage d'inviter, une fois à dîner et une fois à déjeuner, à la table de Sa Majesté, les personnes du voyage. Le déjeuner a lieu à Schönfeld, petite maison de campagne du roi, située entre le parc de Cassel et Napoléonshöhe, et le dîner à Nouland, petit village chinois bâti par l'ancien électeur, et dont les maisons, encore en état de servir, viennent d'être réparées et remeublées avec une simplicité élégante.

« Après le déjeuner, jusqu'à deux heures, promenade devant le château et entretien du roi avec les personnes qu'il fait appeler. Après deux heures, le roi se retire, ou bien il y a promenade en voiture. Pendant la semaine dernière, le roi a passé deux revues : l'une des grenadiers de sa garde et l'autre des cuirassiers; il a présidé une fois son conseil d'Etat. Il est allé deux fois à Cassel pour voir les travaux de son palais.

« Lorsque le temps le permet, le roi dîne en plein air ou dans un petit pavillon du jardin de la reine. Après le dîner, on reste devant le château avec ou sans le roi. A neuf heures, on se réunit, soit dans les appartements de Sa Majesté, soit dans la petite salle de spectacle. Ces jours passés, il y avait un petit concert de trois ou quatre musiciens et jeu ou spectacle. Le jeu dominant, c'est le whist. Le genre de spectacle que le roi préfère, c'est la comédie. La petitesse de la salle de l'intérieur ne permet pas de donner de grandes pièces, qui sont réservées pour le dimanche.

« A dix heures du soir, tout est fini, et le roi se retire. Le roi est toujours aimable; on dirait, cependant, qu'il est devenu plus grave. L'ordre et la décence règnent partout. La table du maréchal est de dix-huit à vingt personnes. »

FIN

TABLE DES MATIÈRES

LIVRE PREMIER

Le royaume de Westphalie, érigé en 1807 par Napoléon Ier, en faveur de Jérôme le plus jeune de ses frères. — L'esprit public. — Jérôme fait des dispositions pour se rendre dans ses États. — Mission des colonels Morio et Rewbell. — Députation allemande à Paris. — Jean Muller. — Régence provisoire de Messieurs Beugnot, Siméon, Jollivet, Lagrange. — La Régence en lutte avec les Gouverneurs et les Intendants du pays conquis. — Ordre du 1er décembre 1807, d'admi-ministrer pour Jérôme. — Arrivée du roi et de la reine à Cassel, ils sont précédés de La Flèche, Meyronnet, etc. — Blanche Carrega femme *in partibus* de La Flèche. — Ses aventures galantes. — Le marquis de Maubreuil. — Anec-doctes historiques 1

LIVRE II

Entrée à Cassel de Jérôme et de la reine Catherine, le 8 décembre 1807. — Formation du ministère. — Lajarriette directeur de la police. — Cousin-Marinville. — Anecdote. — Jean Muller. — Le Camus comte de Fursteinstein. — Ses sœurs. — Jérôme lui fait don d'une terre de 40 mille francs de rente. — Mécontentement de Napoléon. — Le colonel Morio. — Dislocation du ministère. — Le général Lagrange. — Morio ministre de la guerre. — Le boiteux Lahaye. — Anecdote. — Abus scandaleux. — Le général Allix. — Anecdotes. — Les finances de la Westphalie. — La liste civile. — Pénurie dans laquelle se trouve le royaume. — Daru. — Organisation des services publics. — Meding, directeur des mines du Hartz. — Anecdotes. — La ville de

Cassel. — Aventures galantes du jeune roi. — Mme de Truschess. — Anecdotes. — Les bulletins secrets. — Celui de Jollivet (fin décembre 1807). — Mlle Henin. — Mlle Heberti. — Mme de Launay. — Fin de l'intrigue Truschess. — Anecdotes. — Les bals masqués...................... 23

LIVRE III

Les contributions. — La liste civile. — L'intendant La Flèche. — Jollivet. — Beugnot rentre en France. — Bülow ministre des finances. — Anecdotes concernant Beugnot et Bülow. — Le portefeuille de la guerre retiré à Morio. — L'ordre de la couronne de Westphalie. — Mot de Napoléon. — Les révolutions de sérail en Westphalie. — Rewbell, Boucheporn, Marinville. — Le théâtre à Cassel et à Napoléonshöhe. — Anecdotes galantes. — Le général d'Albignac grand écuyer. — Le prête Brugnères. — Bülow et son système. — Le général Éblé, ministre de la guerre. — Ses tentatives de réforme. — Nouvelles intrigues amoureuses de Jérôme. — La comtesse de Berntcrode. — Anecdotes galantes. — Révoltes en Westphalie, en 1809. — Affaire de Standal (3 avril). — Conspiration de Dœnberg (22 avril). — Belle conduite du roi Jérôme. — Affaire de Marbourg. — Mansuétude de Jérôme. — Tentative de Schill en avril. — Les généraux d'Albignac et Gratien. — Le 10e corps, organisé et commandé par Jérôme, se porte sur la Saxe. — Amusante façon de faire la guerre de Jérôme. — Mécontentement de Napoléon. — Affaire du duc d'Œls. — Disgrâce de Rewbell............................. 49

LIVRE IV

Le ministre Bülow accusé de trahison. — Epigramme. — Mission de Bülow à Paris. — Jérôme espionné. — Sa lettre à Napoléon. — Il se rend près de l'Empereur (novembre 1809). — Le Hanovre annexé à la Westphalie. — Triste cadeau. — Motifs du mécontentement de Napoléon. — La cour de Westphalie et ses dignitaires. — Jérôme et Catherine appelés à Paris (avril 1810). — Leur voyage avec l'Empereur et Marie-Louise, dans le nord de l'empire. — Lettre de Reinhard. — Blanche Carrega, baronne de Keudelsheim, infidèle au roi. — Jérôme et les dames de sa cour. — Napoléon ne veut pas recevoir son frère. — Lettre de ce dernier (1810). — Retour de Jérôme dans ses États. Il se rend à Hanovre. — Passionnette de Jérôme pour une jeune femme de sa cour, nouvelle mariée. — Le camp sous Cassel. — Mécontentement de Napoléon. — Correspondance relative à ce camp. — Note B. Anecdotes. — Double démission de d'Albignac. — Intrigue galante du prince royal de Wurtemberg. — Journal de la reine Catherine, relative à cette intrigue.. 83

LIVRE V

Napoléon retire le Hanovre à la Westphalie (fin de 1811). — Conduite de Jérôme dans cette circonstance. — Un mot de Napoléon. — M. de Bülow. — Son retour à Cassel (avril 1811). — Sa disgrâce. — Causes de cette disgrâce. — Le chef de la police Bongars. — M. Provençal. — M. Malchus remplace Bülow. — Sa conduite, ses moyens. — Les ministres de Jérôme. — Le comte de Hœne à la guerre. — M. Pichon appelé à Cassel. — Le cabinet topographique. — Continuation des petites intrigues galantes. — Blanche de Keudelsheim. — La fille de Mme Alexandre. — Mme Escalonne. — Belle réponse de M. le directeur des finances de Malsbourg. — Emprunt forcé. — Davout et sa police. — Départ de Jérôme en mai 1812, pour la Pologne. — La maîtresse de camp de S. M. — Son différend avec Davout. — Son retour dans ses États. — Mme de Löwestein. — Mme Escalonne. — La polonaise. — Un bulletin de Reinhard. — Petites intrigues à la cour de Cassel. — Mmes Blanche et Jenny La Flèche quittent la Westphalie. — Napoléon mécontent des prodigalités de son frère, ne répond plus à ses lettres. — Il se fait donner par Reinhard des notes sur les principaux personnages de la Westphalie. — Celle relative au ministre des finances Malchus.. 127

LIVRE VI

Coup d'œil sur les derniers jours du royaume de Westphalie. — Jérôme aux eaux de Neudorff. — Madame de Bongars. — Le conseil d'Etat. — Les troupes westphaliennes à la Grande-Armée passent aux ordres du duc d'Abrantès. — Leur belle conduite à la Moscowa. — Le général Damas. — Eblé. — Conduite indigne des juifs pour les échappés de la Grande-Armée. — Tettenborn et les cosaques. — Réunion de quelques troupes sur les bords de l'Elbe. Incendie du château de Cassel. — Etat déplorable du royaume. — Défections. — Destitutions. — Napoléon à Dresde. — Hammerstin. — Mesures intempestives de sévérité. — Bataille de Dresde. — Belle conduite de l'artillerie westphalienne. — Evacuation du Brunswich. — Czernicheff devant Cassel (28 septembre 1813). — Allix défend la ville. — Capitulation. — Jérôme se retire à Coblentz. — Allix rentre à Cassel où le roi revient. — Mesures maladroites prises par le gouvernement westphalien. — Second départ de Jérôme en apprenant le désastre de Leipzig. — Son séjour à Cologne. — L'Electeur revient à Cassel. — Sa proclamation. — Réflexions 161

LIVRE VII

Deux bulletins de Reinhard. — Mme de Löwestein. — Mme d'Osterwald. — Mmes Blanche et Jenny La Flèche. — Le royaume de Westphalie s'écroule en novembre 1813. — Autres aventures galantes du roi Jérôme, résumé de la vie singulière de ce prince. — Belles lettres de la reine Catherine à son père, en 1814.. 193

APPENDICE.. 225

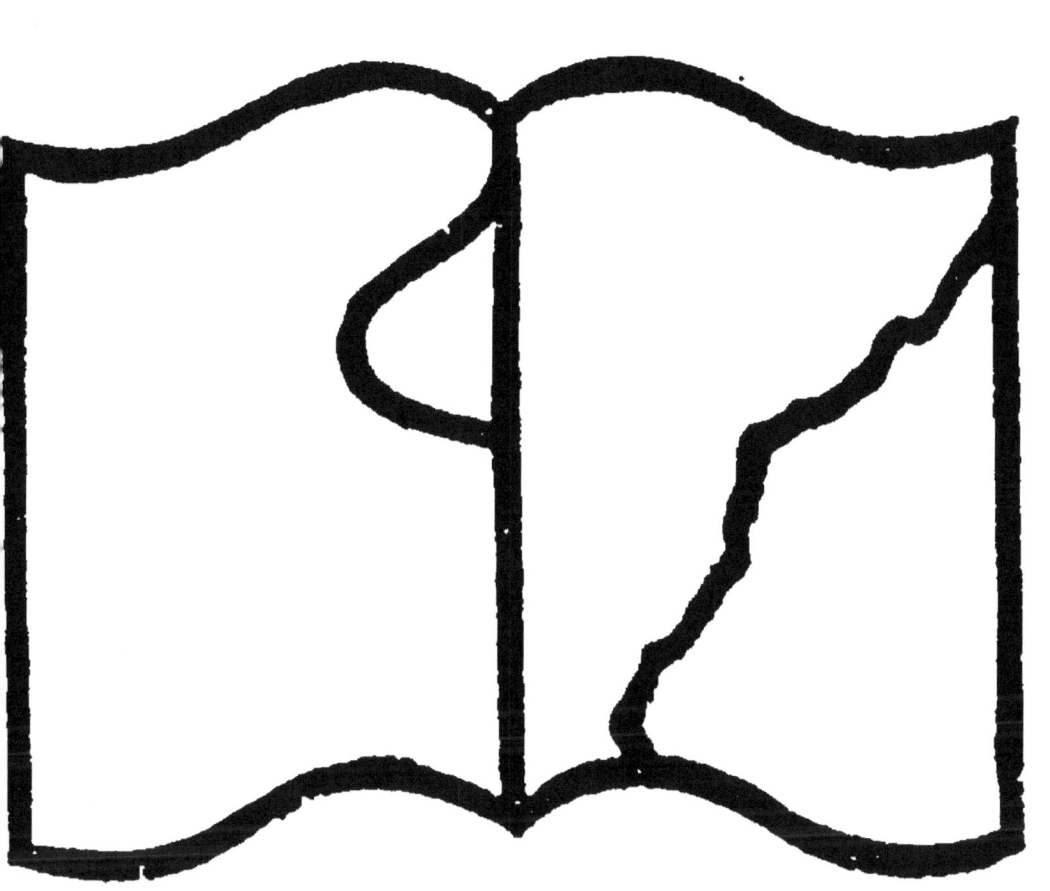

Texte détérioré — reliure défectueuse
NF Z 43-120-11

www.ingramcontent.com/pod-product-compliance
Lightning Source LLC
Chambersburg PA
CBHW070753170426
43200CB00007B/762